Sous-Vide Yemek Kitabı 2023

Yemek Pişirme Sanatında Yeni Bir Devrim

Ayşe Demir

dizin

Tavuk çorbası

Hazırlama + pişirme süresi: 12 saat 25 dakika | Yemekler: 3

Malzemeler:

2 kg tavuk, herhangi bir parça - butlar, göğüsler

5 su bardağı su

2 kereviz sapı, doğranmış

2 beyaz soğan, doğranmış

Talimatlar:

Su banyosunu başlatın, Sous Vide'ı içine yerleştirin ve 194 F'ye ayarlayın. Tüm malzemeleri 2 vakumlu torbaya bölün, torbaların üstlerini 2 ila 3 kez katlayın. Bir su banyosuna yerleştirin. Zamanlayıcıyı 12 saate ayarlayın.

Zamanlayıcı durduğunda poşetleri çıkarın ve malzemeleri tavaya aktarın. Malzemeleri 10 dakika yüksek ateşte pişirin. Isıyı kapatın ve süzün. Et suyunu çorba tabanı olarak kullanın.

Soğan Pomodoro Sosu

Hazırlama + pişirme süresi: 30 dakika | Yemekler: 4

Malzemeler

4 su bardağı ikiye bölünmüş ve çekirdekleri çıkarılmış domates

½ soğan, doğranmış

½ çay kaşığı şeker

¼ bardak taze kekik

2 diş sarımsak, doğranmış

Tatmak için tuz ve karabiber

5 yemek kaşığı zeytinyağı

Talimatlar:

Bir benmari hazırlayın ve içine Sous Vide koyun. 175 F'ye ayarlayın. Domates, kekik, sarımsak, soğan ve şekeri vakumlu bir torbaya koyun. Su yer değiştirme yöntemini kullanarak havayı boşaltın, torbayı kapatın ve bir su banyosuna daldırın. 15 dakika pişirin.

Zamanlayıcı durduğunda poşeti çıkarın ve içindekileri bir karıştırıcıya aktarın ve pürüzsüz olana kadar 1 dakika karıştırın. Üstüne karabiber serpin.

biber püresi

Hazırlama + pişirme süresi: 40 dakika | Yemekler: 4

Malzemeler:

8 adet çekirdeksiz kırmızı biber

⅓ su bardağı zeytinyağı

2 yemek kaşığı limon suyu

3 diş sarımsak, ezilmiş

2 yemek kaşığı tatlı pul biber

Talimatlar:

Bir benmari yapın ve Sous Vide'ı içine koyun ve 183 F'ye ayarlayın. Biberleri, sarımsağı ve yağı vakumlu bir torbaya koyun. Su yer değiştirme yöntemini kullanarak havayı boşaltın, torbaları kapatın ve bir su banyosuna daldırın. Zamanlayıcıyı 20 dakikaya ayarlayın ve pişirin.

Zamanlayıcı durduğunda çantayı çıkarın ve açın. Kırmızı biber ve sarımsağı bir karıştırıcıya aktarın ve pürüzsüz olana kadar karıştırın. Tavayı orta ateşte yerleştirin; biber salçası ve diğer malzemeleri ekleyin. 3 dakika pişirin. Dip olarak ılık veya soğuk servis yapın.

jalapeno baharatı

Hazırlama + pişirme süresi: 70 dakika | Yemekler: 6

Malzemeler:

2 jalapeno biber

2 yeşil biber

2 diş sarımsak, ezilmiş

1 soğan, sadece soyulmuş

3 yemek kaşığı kekik tozu

3 çay kaşığı toz karabiber

2 çay kaşığı biberiye tozu

10 çay kaşığı anason tozu

talimatlar

Bir benmari yapın, içine Sous Vide koyun ve 185 F'ye ayarlayın. Biberleri ve soğanları vakumlu bir torbaya koyun. Su yer değiştirme yöntemini kullanarak havayı boşaltın, torbayı kapatın ve bir su banyosuna daldırın. Zamanlayıcıyı 40 dakikaya ayarlayın.

Zamanlayıcı durduğunda, çantayı çıkarın ve açın. Biber ve soğanı 2 yemek kaşığı su ile bir karıştırıcıya aktarın ve pürüzsüz olana kadar karıştırın.

Tavayı kısık ateşe koyun, biber salçasını ve diğer malzemeleri ekleyin. 15 dakika kaynamaya bırakın. Isıyı kapatın ve soğutun. Baharat kavanozunda saklayın, buzdolabında saklayın ve 7 güne kadar kullanın. Baharat olarak kullanın.

çorba

Hazırlama + pişirme süresi: 13 saat 25 dakika | Yemekler: 6

Malzemeler:

3 pound öküz ayağı

1 ½ kg dana kemiği

½ kilo dana kıyma

5 su bardağı domates salçası

6 tatlı soğan

3 baş sarımsak

6 kaşık karabiber

5 dal kekik

4 defne yaprağı

10 bardak su

Talimatlar:

Fırını önceden 425 F'ye ısıtın. Sığır kemiklerini ve dana incikleri bir fırın tepsisine koyun ve fırçayla domates salçası sürün. Sarımsak ve soğan ekleyin. Bir kenara koy. Başka bir tavaya kıymayı alıp ufalayın. Fırın tepsilerini fırına koyun ve kızarana kadar pişirin.

Bu yapıldığında, yağı pişirme tavalarından boşaltın. Geniş bir kapta benmari yapın, içine Sous Vide'ı koyun ve 195 F'ye ayarlayın.

Kıymayı, kavrulmuş sebzeleri, karabiberi, kekiği ve defne yaprağını 3 vakumlu poşete ayırın. Fırın tepsilerini suyla ıslatın ve poşetlere ekleyin. Torbaların üst kısmını 2 ila 3 kez katlayın.

Torbaları bir su banyosuna koyun ve Sous Vide kabına takın. Zamanlayıcıyı 13 saate ayarlayın. Zamanlayıcı durduğunda poşetleri çıkarın ve malzemeleri tavaya aktarın. Malzemeleri yüksek ateşe koyun. 15 dakika pişirin. Isıyı kapatın ve süzün. Et suyunu çorba tabanı olarak kullanın.

Fesleğen sarımsaklı soyma

Hazırlama + pişirme süresi: 55 dakika | Yemekler: 15

Malzemeler:

2 baş sarımsak, ezilmiş

2 yemek kaşığı zeytinyağı

Biraz tuz

1 soğan rezene, doğranmış

2 limon, rendelenmiş ve sıkılmış

¼ şeker

25 fesleğen yaprağı

Talimatlar:

Bir benmari yapın, Sous Vide'ı içine koyun ve 185 F'ye ayarlayın. Rezene ve şekeri vakumlu bir torbaya koyun. Su yer değiştirme yöntemini kullanarak havayı boşaltın, torbayı kapatın ve bir su banyosuna daldırın. Zamanlayıcıyı 40 dakikaya ayarlayın. Zamanlayıcı durduğunda, çantayı çıkarın ve açın.

Rezene, şeker ve listelenen diğer malzemeleri bir karıştırıcıya aktarın ve pürüzsüz olana kadar karıştırın. Bir baharat kabında saklayın ve buzdolabında bir haftaya kadar kullanın.

Bal ve soğan balzamik sosu

Hazırlama + pişirme süresi: 1 saat 55 dakika | Porsiyonlar: 1)

Malzemeler

3 tatlı soğan, doğranmış

1 yemek kaşığı tereyağı

Tatmak için tuz ve karabiber

2 yemek kaşığı balzamik sirke

1 yemek kaşığı bal

2 çay kaşığı taze kekik yaprağı

talimatlar

Bir benmari hazırlayın ve içine Sous Vide koyun. 186F'ye ayarlayın.

Bir tavayı orta ateşte tereyağı ile ısıtın. Soğanı ekleyin, tuz ve karabiber ekleyin ve 10 dakika pişirin. Balzamik sirke ekleyin ve 1 dakika pişirin. Ateşten alın ve balın üzerine dökün.

Karışımı vakumlu bir poşete koyun. Su yer değiştirme yöntemini kullanarak havayı boşaltın, torbayı kapatın ve bir su banyosuna daldırın. 90 dakika pişirin. Zamanlayıcı durduğunda poşeti çıkarın ve bir tabağa aktarın. Taze kekikle süsleyin. Pizza veya sandviçle servis yapın.

Domates sosu

Hazırlama + pişirme süresi: 55 dakika | Yemekler: 4

Malzemeler:

1 (16 ons) konserve domates, ezilmiş

1 küçük beyaz soğan, doğranmış

1 su bardağı taze fesleğen yaprağı

1 yemek kaşığı zeytinyağı

1 diş sarımsak, ezilmiş

tatmak için tuz

1 defne yaprağı

1 kırmızı biber

Talimatlar:

Bir benmari yapın, içine Sous Vide koyun ve 185 F'ye ayarlayın. Listelenen tüm malzemeleri vakumlu bir torbaya koyun. Su yer değiştirme yöntemini kullanarak havayı boşaltın, torbayı kapatın ve bir su banyosuna daldırın. Zamanlayıcıyı 40 dakikaya ayarlayın. Zamanlayıcı durduğunda, çantayı çıkarın ve açın. Defne yaprağını atın ve kalan malzemeleri bir karıştırıcıya aktarın ve iyice karıştırın. Garnitür olarak servis yapın.

deniz ürünleri stoğu

Hazırlama + pişirme süresi: 10 saat 10 dakika | Yemekler: 6

Malzemeler:

1 kg karides kabuğu, baş ve kuyruk ile

3 su bardağı su

1 yemek kaşığı zeytinyağı

2 yemek kaşığı tuz

2 dal biberiye

½ baş kıyılmış sarımsak

½ bardak kereviz yaprağı, doğranmış

Talimatlar:

Bir benmari yapın, içine Sous Vide koyun ve 180 F'ye ayarlayın. Karideslerin üzerine zeytinyağı gezdirin. Karidesleri listelenen malzemelerin geri kalanıyla birlikte vakumlu bir torbaya koyun. Havayı boşaltın, torbayı kapatın ve bir su banyosuna daldırın ve zamanlayıcıyı 10 saate ayarlayın.

balık çorbası

Hazırlama + pişirme süresi: 10 saat 15 dakika | Yemekler: 4

Malzemeler:

5 su bardağı su

½ kg balık filetosu, derisi

1 kg balık kafası

5 orta boy yeşil soğan

3 tatlı soğan

¼ kara yosun (kombu)

Talimatlar:

Bir su banyosu yapın, Sous Vide'ı içine yerleştirin ve 194 F'ye ayarlayın. Listelenen tüm malzemeleri 2 vakumlu torbaya eşit olarak bölün, torbanın üstünü 2 kez katlayın. Bunları bir benmariye yerleştirin ve Sous Vide kabına takın. Zamanlayıcıyı 10 saate ayarlayın.

Zamanlayıcı durduğunda poşetleri çıkarın ve malzemeleri tavaya aktarın. Malzemeleri 5 dakika yüksek ateşte pişirin, altını kapatın ve süzün. Buzdolabında saklayın ve 14 güne kadar kullanın.

Hardallı kuşkonmaz sosu

Hazırlama + pişirme süresi: 30 dakika | Yemekler: 2

Malzemeler

1 büyük demet kuşkonmaz

Tatmak için tuz ve karabiber

¼ su bardağı zeytinyağı

1 çay kaşığı Dijon hardalı

1 çay kaşığı dereotu

1 çay kaşığı kırmızı şarap sirkesi

1 haşlanmış yumurta, doğranmış

Taze maydanoz, kıyılmış

talimatlar

Bir benmari hazırlayın ve içine Sous Vide koyun. 186F'ye ayarlayın.

Kuşkonmazın alt kısmını delin ve atın.

Sapın alt kısmını soyun ve vakumlu bir torbaya koyun. Su yer değiştirme yöntemini kullanarak havayı boşaltın, torbayı kapatın ve bir su banyosuna daldırın. 15 dakika pişirin.

Zamanlayıcı durduğunda torbayı çıkarın ve buz banyosuna aktarın. Meyve sularını pişirmeden ayırın. Bir salata kasesinde yağ, sirke ve hardalı birleştirin; İyi çalkala. Tuzla tatlandırın ve bir mason kavanoza aktarın. Mühürleyin ve iyice birleşene kadar çalkalayın. Üzerine maydanoz, yumurta ve vinegret serpin.

sebze stoğu

Hazırlama + pişirme süresi: 12 saat 35 dakika | porsiyon: 10)

Malzemeler:

1 ½ bardak kereviz kökü, doğranmış

1 ½ su bardağı doğranmış pırasa

½ fincan doğranmış rezene

4 diş sarımsak, ezilmiş

1 yemek kaşığı zeytinyağı

6 su bardağı su

1 ½ su bardağı mantar

½ su bardağı kıyılmış maydanoz

1 yemek kaşığı karabiber

1 defne yaprağı

Talimatlar:

Bir benmari yapın, içine Sous Vide'ı koyun ve 180 F'ye ayarlayın. Fırını önceden 450 F'ye ısıtın. Pırasa, kereviz, rezene, sarımsak ve zeytinyağını bir kaseye koyun. Oynat onları. Bir fırın tepsisine aktarın ve fırına koyun. 20 dakika pişirin.

Kavrulmuş sebzeleri suyu, suyu, maydanozu, biberi, mantarı ve defne yaprağıyla birlikte vakumlu poşete koyun. Havayı boşaltın, torbayı kapatın ve bir su banyosuna daldırın ve zamanlayıcıyı 12 saate ayarlayın. Buharlaşmayı azaltmak için çift kazanı plastik örtü ile örtün ve sebzeleri kapalı tutmak için banyoya sürekli su ekleyin.

Zamanlayıcı durduğunda, çantayı çıkarın ve açın. Malzemeleri süzün. Soğumaya bırakın ve 1 aya kadar donmuş halde kullanın.

Zamanlayıcı durduğunda, çantayı çıkarın ve açın. Malzemeleri süzün. Soğumaya bırakın ve 2 haftaya kadar dondurulmuş halde kullanın.

Tabasco Peynir Sarımsaklı Edamame

Hazırlama + pişirme süresi: 1 saat 6 dakika | Yemekler: 4

Malzemeler

1 yemek kaşığı zeytinyağı

4 su bardağı taze edamame bakla

1 yemek kaşığı tuz

1 diş sarımsak, kıyılmış

1 yemek kaşığı kırmızı biber gevreği

1 yemek kaşığı Tabasco sosu

talimatlar

Bir benmari hazırlayın ve içine Sous Vide koyun. 186F'ye ayarlayın.

Bir tencere suyu yüksek ateşte ısıtın ve edamame kaplarını 60 saniye haşlayın. Onları süzün ve bir buzlu su banyosuna aktarın. Sarımsak, kırmızı biber, Tabasco sosu ve zeytinyağını karıştırın.

Edamame'i vakumlu bir torbaya koyun. Tabasco sos ile doldurun. Su yer değiştirme yöntemini kullanarak havayı boşaltın, torbayı kapatın ve bir su banyosuna daldırın. 1 saat pişirin. Zamanlayıcı durduğunda poşeti çıkarın ve bir kaseye aktarın ve servis yapın.

Bitkisel bezelye püresi

Hazırlama + pişirme süresi: 55 dakika | Yemekler: 6

Malzemeler

½ su bardağı sebze suyu

1 pound taze bezelye

1 limon kabuğu

2 yemek kaşığı kıyılmış taze fesleğen

1 yemek kaşığı zeytinyağı

Tatmak için tuz ve karabiber

2 yemek kaşığı kıyılmış taze kişniş

2 yemek kaşığı kıyılmış taze maydanoz

¾ çay kaşığı sarımsak tozu

talimatlar

Bir benmari hazırlayın ve içine Sous Vide koyun. 186F'ye ayarlayın.

Bezelye, limon kabuğu rendesi, fesleğen, zeytinyağı, karabiber, frenk soğanı, maydanoz, tuz ve sarımsak tozunu karıştırıp vakumlu poşete koyun. Su yer değiştirme yöntemini kullanarak havayı boşaltın, torbayı kapatın ve bir su banyosuna daldırın. 45 dakika pişirin. Zamanlayıcı durduğunda poşeti çıkarın ve karıştırıcıya aktarın ve iyice karıştırın.

Adaçayı ile fırında patates püresi

Hazırlama + pişirme süresi: 1 saat 35 dakika | Yemekler: 6

Malzemeler

¼ fincan tereyağı

12 adet soyulmamış tatlı patates

10 diş sarımsak, kıyılmış

4 yemek kaşığı tuz

6 yemek kaşığı zeytinyağı

5 dal taze adaçayı

1 yemek kaşığı kırmızı biber

talimatlar

Bir benmari hazırlayın ve içine Sous Vide koyun. 192F'ye ayarlayın.

Patatesleri, sarımsağı, tuzu, zeytinyağını ve 2-3 dal kekiği ekleyip hava almayacak şekilde poşete koyun. Su yer değiştirme yöntemini kullanarak havayı boşaltın, torbayı kapatın ve bir su banyosuna daldırın. 1 saat 15 dakika pişirin.

Fırını önceden 450 F'ye ısıtın. Zamanlayıcı durduğunda patatesleri çıkarın ve bir kaseye aktarın. Meyve sularını pişirmeden ayırın.

Patatesleri tereyağı ve kalan adaçayı ile iyice karıştırın. Daha önce alüminyum folyo ile kapladığımız fırın tepsisine aktarın. Patatesin ortasını havuz gibi açıp içine pişirme sıvısını dökün. Patatesleri 10 dakika pişirin, 5 dakika sonra çevirin. Bilgeyi atın. Bir tabağa aktarın ve üzerine kırmızı biber serperek servis yapın.

Kekik ve peynirli tereyağlı kuşkonmaz

Hazırlama + pişirme süresi: 21 dakika | Yemekler: 6

Malzemeler

¼ su bardağı rendelenmiş Pecorino Romano peyniri

16 ons taze kuşkonmaz, dilimlenmiş

4 yemek kaşığı tereyağı, küpler halinde kesilmiş

tatmak için tuz

1 diş sarımsak, kıyılmış

1 yemek kaşığı kekik

talimatlar

Bir benmari hazırlayın ve içine Sous Vide koyun. 186F'ye ayarlayın.

Kuşkonmazı vakumlu bir torbaya koyun. Küp küp tereyağı, sarımsak, tuz ve kekik ekleyin. Su yer değiştirme yöntemini kullanarak havayı boşaltın, torbayı kapatın ve bir su banyosuna daldırın. 14 dakika pişirin.

Zamanlayıcı durduğunda poşeti çıkarın ve kuşkonmazı bir tabağa aktarın. Pişirme suyunun bir kısmını serpin. Pecorino Romano peyniri ile süsleyin.

Bal sırlı lezzetli yaban havucu

Hazırlama + pişirme süresi: 1 saat 8 dakika | Yemekler: 4

Malzemeler

1 pound yaban havucu, soyulmuş ve doğranmış

3 yemek kaşığı tereyağı

2 kaşık bal

1 yemek kaşığı zeytinyağı

Tatmak için tuz ve karabiber

1 yemek kaşığı kıyılmış taze maydanoz

talimatlar

Bir benmari hazırlayın ve içine Sous Vide koyun. 186F'ye ayarlayın.

Yaban havucu, tereyağı, bal, sıvı yağ, tuz ve karabiberi vakumlu bir poşete koyun. Su yer değiştirme yöntemini kullanarak havayı boşaltın, torbayı kapatın ve bir su banyosuna daldırın. 1 saat pişirin.

Bir tavayı orta ateşte ısıtın. Zamanlayıcı durduğunda poşeti çıkarın ve içindekileri tavaya aktarın ve sıvı sır haline gelene kadar 2 dakika pişirin. Maydanozu ekleyin ve hızlıca karıştırın. Sert.

Krem peynirli domatesli sandviç

Hazırlama + pişirme süresi: 55 dakika | Porsiyon: 8)

Malzemeler

½ bardak süzme peynir

2 kg dilimlenmiş domates

Tatmak için tuz ve karabiber

2 yemek kaşığı zeytinyağı

2 diş sarımsak, doğranmış

½ çay kaşığı kıyılmış taze adaçayı

⅛ çay kaşığı kırmızı biber

½ çay kaşığı beyaz şarap sirkesi

2 yemek kaşığı tereyağı

4 dilim ekmek

2 dilim hellim peyniri

talimatlar

Bir benmari hazırlayın ve içine Sous Vide koyun. 186 F'ye ayarlayın. Domatesleri bir kevgir içinde bir kasenin üzerine koyun ve tuz ekleyin. İyi çalkala. 30 dakika donmaya bırakın. Meyve sularını atın. Zeytinyağı, sarımsak, adaçayı, karabiber, tuz ve pul biberi karıştırın.

Vakumlu bir torbaya koyun. Su yer değiştirme yöntemini kullanarak havayı boşaltın, torbayı kapatın ve bir su banyosuna daldırın. 40 dakika pişirin.

Zamanlayıcı durduğunda, torbayı çıkarın ve karıştırıcıya aktarın. Sirke ve krem peynir ekleyin. Pürüzsüz olana kadar karıştır. Bir tabağa aktarın ve gerekirse tuz ve karabiber ekleyin.

Peynir çubuklarını yapmak için: Bir tavayı orta ateşte ısıtın. Ekmek dilimlerini tereyağ ile yağlayın ve tavaya yerleştirin. Peynir dilimlerini ekmeğin üzerine yerleştirin ve başka bir tereyağlı ekmeğin üzerine yerleştirin. 1-2 dakika kule. Kalan ekmek ile tekrarlayın. Küpler halinde kesin. Sıcak çorbanın üzerine servis yapın.

Kaju fıstığı ve taze peynirli pancar salatası

Hazırlama + pişirme süresi: 1 saat 35 dakika | Porsiyon: 8)

Malzemeler

6 büyük pancar, soyulmuş ve parçalar halinde kesilmiş

Tatmak için tuz ve karabiber

3 yemek kaşığı akçaağaç şurubu

2 yemek kaşığı tereyağı

1 büyük portakalın kabuğu

1 yemek kaşığı zeytinyağı

½ çay kaşığı acı biber

1½ su bardağı kaju fıstığı

6 bardak roka

3 mandalina, soyulmuş ve parçalar halinde kesilmiş

1 su bardağı taze peynir, ufalanmış

talimatlar

Bir benmari hazırlayın ve içine Sous Vide koyun. 186F'ye ayarlayın.

Pancar parçalarını vakumlu bir torbaya koyun. Tuz ve karabiber serpin. 2 yemek kaşığı akçaağaç şurubu, tereyağı ve portakal kabuğu rendesini ekleyin. Su yer değiştirme yöntemini kullanarak havayı boşaltın, torbayı kapatın ve bir su banyosuna daldırın. 1 saat 15 dakika pişirin.

Fırını 350F'ye ısıtın.

Kalan akçaağaç şurubu, zeytinyağı, tuz ve acı biberi karıştırın. Kajuları ekleyin ve iyice karıştırın. Kaju fıstığı karışımını önceden karabiber serpilmiş bir fırın tepsisine koyun ve 10 dakika pişirin. Rezerve edin ve soğumaya bırakın.

Zamanlayıcı durduğunda pancarları çıkarın ve pişirme suyunu atın. Servis tabağına rokaları, üzerine pancar ve mandalina dilimlerini yerleştirin. Servis yapmak için üzerine queso fresk ve kaju karışımı serpin.

karnabahar peynirli biber

Hazırlama + pişirme süresi: 52 dakika | Yemekler: 5

Malzemeler

½ su bardağı rendelenmiş provolon peyniri

1 baş karnabahar, çiçeklerine ayrılmış

2 diş sarımsak, doğranmış

Tatmak için tuz ve karabiber

2 yemek kaşığı tereyağı

1 yemek kaşığı zeytinyağı

½ büyük kırmızı biber, dilimler halinde kesilmiş

½ büyük sarı biber, şeritler halinde kesilmiş

½ büyük turuncu dolmalık biber, şeritler halinde kesilmiş

talimatlar

Bir benmari hazırlayın ve içine Sous Vide koyun. 186F'ye ayarlayın.

Karnabahar çiçeklerini, 1 diş sarımsağı, tuzu, karabiberi, tereyağının yarısını ve yağın yarısını iyice karıştırın.

Başka bir kapta kırmızı biber, kalan sarımsak, kalan tuz, karabiber, kalan tereyağı ve kalan zeytinyağını birleştirin.

Karnabaharı vakumlu bir poşete koyun. Biberleri başka bir vakumlu poşete koyun. Su yer değiştirme yöntemini kullanarak havayı boşaltın, torbaları kapatın ve bir su banyosuna daldırın. 40 dakika pişirin.

Zamanlayıcı durduğunda poşetleri çıkarın ve içindekileri bir servis kasesine aktarın. Pişirme sıvılarını atın. Sebzeleri ve üstünü provolon peyniri ile karıştırın.

Sonbahar balkabağı kremalı çorba

Hazırlama + pişirme süresi: 2 saat 20 dakika | Yemekler: 6

Malzemeler

¾ su bardağı ekşi krema

1 kış kabağı, doğranmış

1 büyük armut

½ sarı soğan, doğranmış

3 dal taze kekik

1 diş sarımsak, kıyılmış

1 çay kaşığı öğütülmüş kimyon

Tatmak için tuz ve karabiber

4 yemek kaşığı taze krema

talimatlar

Bir benmari hazırlayın ve içine Sous Vide koyun. 186F'ye ayarlayın.

Kabak, armut, soğan, kekik, sarımsak, kimyon ve tuzu ilave edip karıştırın. Vakumlu bir torbaya koyun. Su yer değiştirme yöntemini kullanarak havayı boşaltın, kapatın ve bir su banyosuna daldırın. 2 saat pişirin.

Zamanlayıcı durduğunda, torbayı çıkarın ve tüm içeriği karıştırıcıya aktarın. Pürüzsüz olana kadar püre yapın. Ekşi krema ekleyin ve iyice karıştırın. Tuz ve karabiber serpin. Karışımı kaselere aktarın ve üzerine biraz taze krema ekleyin. Armut parçalarıyla süsleyin.

Patates kereviz ve pırasa çorbası

Hazırlama + pişirme süresi: 2 saat 15 dakika | Porsiyon: 8)

Malzemeler

8 yemek kaşığı tereyağı

4 kırmızı patates, yuvarlak kesilmiş

1 adet sarı soğan, ¼ inçlik parçalar halinde kesin

1 sap kereviz, ½ cm parçalar halinde kesilmiş

4 su bardağı pırasa, dilimlenmiş ½ inç, sadece beyaz kısımlar

1 su bardağı sebze suyu

1 havuç, doğranmış

4 diş sarımsak, doğranmış

2 defne yaprağı

Tatmak için tuz ve karabiber

2 bardak ekşi krema

¼ fincan kıyılmış taze frenk soğanı

talimatlar

Bir benmari hazırlayın ve içine Sous Vide koyun. 186F'ye ayarlayın.

Patates, havuç, soğan, kereviz, pırasa, sebze suyu, tereyağı, sarımsak ve defne yapraklarını vakumlu bir poşete koyun. Su yer değiştirme yöntemini kullanarak havayı boşaltın, torbayı kapatın ve bir su banyosuna daldırın. 2 saat pişirin.

Zamanlayıcı durduğunda, torbayı çıkarın ve karıştırıcıya aktarın. Defne yapraklarını atın. İçeriği karıştırın ve tuz ve karabiber ekleyin. Yavaşça kremayı dökün ve pürüzsüz olana kadar 2-3 dakika karıştırın. İçeriği boşaltın ve servis yapmadan önce frenk soğanı ile süsleyin.

Kızılcıklı Limonlu Kale Salatası

Hazırlama + pişirme süresi: 15 dakika | Yemekler: 6

Malzemeler

6 su bardağı taze lahana, soyulmamış

6 yemek kaşığı zeytinyağı

2 diş sarımsak, ezilmiş

4 yemek kaşığı limon suyu

½ çay kaşığı tuz

¾ su bardağı kuru yaban mersini

talimatlar

Bir benmari hazırlayın ve içine Sous Vide koyun. 196 F'ye ayarlayın. Sebzeleri 2 yemek kaşığı zeytinyağı ile karıştırın. Vakumlu bir poşete koyun. Su yer değiştirme yöntemini kullanarak havayı boşaltın, torbayı kapatın ve bir su banyosuna daldırın. 8 dakika pişirin.

Kalan zeytinyağı, sarımsak, limon suyu ve tuzu karıştırın. Zamanlayıcı durduğunda lahanayı çıkarın ve servis tabağına koyun. Sos serpin. Kızılcık ile süsleyin.

Domates soslu narenciye mısır

Hazırlama + pişirme süresi: 55 dakika | Porsiyon: 8)

Malzemeler

⅓ su bardağı zeytinyağı

4 başak sarı mısır, kabuklu

Tatmak için tuz ve karabiber

1 büyük domates, dilimlenmiş

3 yemek kaşığı limon suyu

2 diş sarımsak, doğranmış

1 serrano biber, çekirdeksiz

4 ampul, sadece yeşil kısımlar, dilimlenmiş

½ demet kıyılmış taze kişniş yaprağı

talimatlar

Bir benmari hazırlayın ve içine Sous Vide koyun. 186 F'ye ayarlayın. Fasulyeleri zeytinyağı ile atın ve tuz ve karabiber ekleyin. Onları vakumlu bir torbaya koyun. Su yer değiştirme yöntemini kullanarak havayı boşaltın, torbayı kapatın ve bir su banyosuna daldırın. 45 dakika pişirin.

Bu sırada domates, limon suyu, sarımsak, serrano biberi, frenk soğanı, kişniş ve kalan yağı bir kasede birleştirin. Izgarayı yüksek ateşte önceden ısıtın.

Zamanlayıcı durduğunda kabarcıkları çıkarın ve ızgaraya aktarın ve 2-3 dakika pişirin. Soğumaya bırakın. Çekirdekleri koçanından kesin ve üzerlerine domates sosu dökün. Balık, salata veya tortilla cipsi ile servis yapın.

Zencefilli Tamari Susamlı Brüksel Lahanası

Hazırlama + pişirme süresi: 43 dakika | Yemekler: 6

Malzemeler

1½ pound Brüksel lahanası, ikiye bölünmüş

2 diş sarımsak, doğranmış

2 yemek kaşığı bitkisel yağ

1 yemek kaşığı tamari sosu

1 fincan. Rendelenmiş Zencefil

¼ çay kaşığı kırmızı biber

¼ çay kaşığı kızarmış susam yağı

1 yemek kaşığı susam

talimatlar

Bir benmari hazırlayın ve içine Sous Vide koyun. 186 F'ye ayarlayın. Bir tavayı orta ateşte ısıtın ve sarımsak, bitkisel yağ, tamari sosu, zencefil ve pul biberi ekleyin. 4-5 dakika pişirin. Bir kenara koy.

Brüksel lahanalarını vakumlu bir poşete koyun ve tamari karışımını üzerine dökün. Su yer değiştirme yöntemini kullanarak havayı boşaltın, torbayı kapatın ve bir su banyosuna daldırın. 30 dakika pişirin.

Zamanlayıcı durduğunda, torbayı çıkarın ve bir mutfak havlusu ile kurulayın. Pişirme suyunu saklayın. Filizleri bir kaseye koyun ve susam yağı ile kaplayın. Filizleri bir tabağa koyun ve üzerlerine pişirme suyu serpin. Susamla süsleyin.

pancar salatası

Hazırlama + pişirme süresi: 2 saat 25 dakika | Yemekler: 3

Malzemeler:

1 ¼ su bardağı pancar, ayıklanmış ve küçük parçalar halinde kesilmiş

1 su bardağı taze kıyılmış ıspanak

2 yemek kaşığı zeytinyağı

1 yemek kaşığı limon suyu, taze sıkılmış

1 yemek kaşığı balzamik sirke

2 diş sarımsak, ezilmiş

1 yemek kaşığı tereyağı

Tatmak için tuz ve karabiber

Talimatlar:

Pancarları güzelce yıkayıp temizleyin. Küçük parçalar halinde kesin ve tereyağı ve ezilmiş sarımsakla birlikte vakumlu bir torbaya koyun. Sous Vide 185 F'de 2 saat pişirin. Soğuması için kenara koyun.

Büyük bir tencerede suyu kaynatın ve ıspanağı ekleyin. Bir dakika pişirin ve ocaktan alın. İyi kurutun. Vakumlu bir torbaya aktarın ve Sous Vide'ı 180 F'de 10 dakika pişirin. Su banyosundan çıkarın ve tamamen soğumaya bırakın. Büyük bir kaseye koyun ve pişmiş pancarları ekleyin. Tuz, karabiber, sirke, zeytinyağı ve limon suyu ile tatlandırın. Hemen servis yapın.

Nane ile yeşil sarımsak

Hazırlama + pişirme süresi: 30 dakika | Yemekler: 2

Malzemeler:

½ su bardağı taze yırtılmış hindiba

½ fincan yabani kuşkonmaz, ince kıyılmış

½ su bardağı kıyılmış pazı

¼ fincan taze nane, kıyılmış

¼ fincan yırtık roka

2 diş sarımsak, doğranmış

½ çay kaşığı tuz

4 yemek kaşığı limon suyu, taze sıkılmış

2 yemek kaşığı zeytinyağı

Talimatlar:

Büyük bir tencereye tuzlu su doldurun ve yeşillikleri ekleyin. 3 dakika pişirin. Çıkarın ve boşaltın. Yeşillikleri elinizle hafifçe ezin ve keskin bir bıçakla doğrayın. Büyük, vakumlu bir torbaya aktarın ve Sous Vide'ı 162 F'de 10 dakika pişirin. Su banyosundan çıkarın ve bir kenara koyun.

Yağı büyük bir tavada orta ateşte ısıtın. Sarımsak ekleyin ve 1 dakika kızartın. Kereviz ekleyin ve tuz ekleyin. Taze limon suyu serpin ve servis yapın.

Beyaz şarapta Brüksel lahanası

Hazırlama + pişirme süresi: 35 dakika | Yemekler: 4

Malzemeler:

1 pound Brüksel lahanası, kıyılmış

½ su bardağı sızma zeytinyağı

½ bardak beyaz şarap

Tatmak için tuz ve karabiber

2 yemek kaşığı taze maydanoz, ince kıyılmış

2 diş sarımsak, ezilmiş

Talimatlar:

Brüksel lahanalarını üç yemek kaşığı zeytinyağı ile vakumlu büyük bir poşete koyun. Sous Vide'da 180 F'de 15 dakika pişirin. Torbadan çıkarın.

Kalan yağı büyük bir yapışmaz tavada ısıtın. Brüksel lahanası, ezilmiş sarımsak, tuz ve karabiber ekleyin. Kısa bir süre ızgara yapın ve tavayı birkaç kez sallayarak her tarafının hafifçe kızarmasını sağlayın. Şarabı dökün ve kaynatın. İyice karıştırın ve ocaktan alın. Kıyılmış maydanoz serpip servis yapın.

Pancar ve keçi peynirli salata

Hazırlama + pişirme süresi: 2 saat 20 dakika | Yemekler: 3

Malzemeler:

1 kg pancar, yuvarlak doğranmış

½ su bardağı badem, beyazlatılmış

2 yemek kaşığı kabuksuz fındık

2 yemek kaşığı zeytinyağı

1 diş sarımsak, ince kıyılmış

1 çay kaşığı toz kimyon

1 çay kaşığı limon kabuğu

tatmak için tuz

½ su bardağı keçi peyniri, ufalanmış

Süslemek için taze nane yaprakları

Giymek:

2 yemek kaşığı zeytinyağı

1 yemek kaşığı elma sirkesi

Talimatlar:

Bir çift kazan yapın, içine Sous Vide koyun ve 183F'ye ayarlayın.

Pancarları vakumlu bir torbaya koyun. Su yer değiştirme yöntemini kullanarak havayı boşaltın, torbayı kapatın ve bir su banyosuna daldırın ve zamanlayıcıyı 2 saate ayarlayın. Zamanlayıcı durduğunda, çantayı çıkarın ve açın. Pancarları bir kenara koyun.

Tavayı orta ateşe alıp badem ve fındığı ekleyip 3 dakika kavurun. Bir kesme tahtasına aktarın ve doğrayın. Aynı tavaya yağ, sarımsak ve kimyonu ekleyin. 30 saniye pişirin. Isıyı kapatın. Keçi peyniri, badem karışımı, limon kabuğu rendesi ve sarımsak karışımını kaseye ekleyin. Karıştırın. Yağ ve sirkeyi çırpın ve bir kenara koyun. Garnitür olarak servis yapın.

Karnabahar Brokoli Çorbası

Hazırlama + pişirme süresi: 70 dakika | Yemekler: 2

Malzemeler:

1 orta boy karnabahar, küçük çiçeklere ayrılmış

½ kg brokoli, küçük çiçekler halinde doğranmış

1 yeşil biber, doğranmış

1 soğan, doğranmış

1 yemek kaşığı zeytinyağı

1 diş sarımsak, ezilmiş

½ su bardağı sebze suyu

½ bardak yağsız süt

Talimatlar:

Bir çift kazan yapın, içine Sous Vide koyun ve 185F'ye ayarlayın.

Karnabahar, brokoli, dolmalık biber ve beyaz soğanı vakumlu poşete koyun ve içine zeytinyağı dökün. Su yer değiştirme yöntemini kullanarak havayı boşaltın ve torbayı kapatın. Torbayı su banyosuna daldırın. Zamanlayıcıyı 50 dakikaya ayarlayın ve pişirin.

Zamanlayıcı durduğunda çantayı çıkarın ve açın. Sebzeleri bir karıştırıcıya koyun, sarımsak ve süt ekleyin ve pürüzsüz olana kadar karıştırın.

Tavayı orta ateşe koyun, sebze püresini ve sebze çorbasını ekleyin ve 3 dakika pişirin. Tuz ve karabiber serpin. Garnitür olarak sıcak servis yapın.

Nane ile tereyağlı bezelye

Hazırlama + pişirme süresi: 25 dakika | Yemekler: 2

Malzemeler:

1 yemek kaşığı tereyağı

½ su bardağı bezelye

1 yemek kaşığı nane yaprağı, doğranmış

Biraz tuz

tadımlık şeker

Talimatlar:

Bir benmari yapın, içine Sous Vide koyun ve 183 F'ye ayarlayın. Tüm malzemeleri vakumlu bir torbaya koyun. Su yer değiştirme yöntemini kullanarak havayı boşaltın, kapatın ve banyoya daldırın. 15 dakika pişirin.

Zamanlayıcı durduğunda, çantayı çıkarın ve açın. Malzemeleri servis tabağına alın. Baharat olarak servis yapın.

Tatlı şurup içinde Brüksel lahanası

Hazırlama + pişirme süresi: 75 dakika | Yemekler: 3

Malzemeler:

4 kg Brüksel lahanası, ikiye bölünmüş

3 yemek kaşığı zeytinyağı

¾ bardak balık sosu

3 yemek kaşığı su

2 yemek kaşığı şeker

1 ½ yemek kaşığı pirinç sirkesi

2 yemek kaşığı limon suyu

3 kırmızı biber, ince dilimlenmiş

2 diş sarımsak, doğranmış

Talimatlar:

Benmari yapın, içine Sous Vide koyun ve 183 F'ye ayarlayın. Brüksel lahanalarını, tuzu ve yağı vakumlu bir torbaya koyun, suyla yer değiştirme yöntemini kullanarak havasını alın, kapatın ve torbayı banyoya daldırın . Maria. Zamanlayıcıyı 50 dakikaya ayarlayın.

Zamanlayıcı durduğunda poşeti çıkarın, mührü açın ve Brüksel lahanalarını folyo kaplı fırın tepsisine aktarın. Izgarayı yüksek sıcaklığa ısıtın, üzerine bir tava koyun ve 6 dakika pişirin. Brüksel lahanalarını bir kaseye koyun.

Sosun Yapılışı: Kalan pişirme malzemelerini bir kaseye ekleyin ve karıştırın. Sosu Brüksel lahanalarına ekleyin ve eşit şekilde karıştırın. Garnitür olarak servis yapın.

Ot peynirli turp

Hazırlama + pişirme süresi: 1 saat 15 dakika | Yemekler: 3

Malzemeler:

10 ons keçi peyniri

4 ons krem peynir

¼ fincan kırmızı dolmalık biber, doğranmış

3 yemek kaşığı pesto

3 yemek kaşığı limon suyu

2 yemek kaşığı maydanoz

2 diş sarımsak

9 büyük turp, dilimlenmiş

Talimatlar:

Benmari yapın, içine Sous Vide koyun ve 181 F'ye ayarlayın. Turp dilimlerini vakumlu bir poşete koyun, havasını alın ve poşeti kapatın. Torbayı su banyosuna daldırın ve zamanlayıcıyı 1 saate ayarlayın.

Listelenen kalan malzemeleri bir kapta karıştırın ve karışımı bir sıkma torbasına dökün. Bir kenara koy. Zamanlayıcı durduğunda çantayı çıkarın ve açın. Turp dilimlerini bir tabağa dizin ve her dilime peynirli karışımı kaşıkla ekleyin. Atıştırmalık olarak servis yapın.

balzamik kızarmış lahana

Hazırlama + pişirme süresi: 1 saat 45 dakika | Yemekler: 3

Malzemeler:

1 kg kırmızı lahana, dörde bölün ve çekirdeğini çıkarın

1 arpacık soğan, ince dilimlenmiş

2 diş sarımsak, ince dilimlenmiş

½ yemek kaşığı balzamik sirke

½ yemek kaşığı tuzsuz tereyağı

tatmak için tuz

Talimatlar:

Bir benmari yapın, içine Sous Vide koyun ve 185 F'ye ayarlayın. Lahanayı ve geri kalan malzemeleri 2 vakumlu poşete bölün. Su yer değiştirme yöntemini kullanarak havayı boşaltın ve torbaları kapatın. Onları bir çift kazan içine daldırın ve zamanlayıcıyı 1 saat 30 dakika pişirmeye ayarlayın.

Zamanlayıcı durduğunda poşetleri çıkarın ve açın. Lahanayı suyuyla birlikte servis tabaklarına alın. Tuz ve sirke ile tatlandırın. Garnitür olarak servis yapın.

haşlanmış domates

Hazırlama + pişirme süresi: 45 dakika | Yemekler: 3

Malzemeler:

4 su bardağı çeri domates

5 yemek kaşığı zeytinyağı

½ yemek kaşığı doğranmış taze biberiye yaprağı

½ yemek kaşığı kıyılmış taze kekik yaprağı

Tatmak için tuz ve karabiber

Talimatlar:

Bir benmari yapın, içine Sous Vide'ı koyun ve 131 F'ye ayarlayın. Listelenen malzemeleri 2 vakumlu poşete bölün, tuz ve karabiber ekleyin. Su yer değiştirme yöntemini kullanarak havayı boşaltın ve torbaları kapatın. Onları bir çift kazan içine daldırın ve zamanlayıcıyı 30 dakika pişirmek için ayarlayın.

Zamanlayıcı durur durmaz poşetleri çıkarın ve açın. Domatesleri suyuyla birlikte bir kaba aktarın. Garnitür olarak servis yapın.

Ratatouille

Hazırlama + pişirme süresi: 2 saat 10 dakika | Yemekler: 3

Malzemeler:

2 kabak, dilimler halinde kesilmiş

2 domates, doğranmış

2 kırmızı biber, tohumlanmış ve 2 inçlik küpler halinde kesilmiş

1 küçük patlıcan, dilimlenmiş

1 soğan, 1 inçlik küpler halinde kesin

tatmak için tuz

½ kırmızı biber gevreği

8 diş sarımsak, ezilmiş

2 ½ yemek kaşığı zeytinyağı

5 dal + 2 dal fesleğen yaprağı

Talimatlar:

Bir benmari yapın, içine Sous Vide'ı koyun ve 185 F'ye ayarlayın. Domates, kabak, soğan, dolmalık biber ve patlıcanı 5 ayrı vakumlu poşete koyun. Her bir poşete sarımsak, fesleğen yaprağı ve 1 yemek kaşığı zeytinyağı koyun. Su yer değiştirme yöntemini kullanarak havayı boşaltın, poşetleri kapatın ve bir su banyosuna daldırın ve zamanlayıcıyı 20 dakikaya ayarlayın.

Zamanlayıcı durduğunda, domates torbasını çıkarın. Bir kenara koy. Zamanlayıcıyı 30 dakika için sıfırlayın. Zamanlayıcı durduğunda, kabak ve kırmızı biber poşetlerini çıkarın. Bir kenara koy. Zamanlayıcıyı 1 saat için sıfırlayın.

Zamanlayıcı durduğunda kalan poşetleri çıkarın ve sarımsak ve fesleğen yapraklarını atın. Domatesleri kaseye ekleyin ve bir kaşıkla hafifçe ezin. Kalan sebzeleri doğrayın ve domateslere ekleyin. Tuz, pul biber, kalan zeytinyağı ve fesleğen ile tatlandırın. Garnitür olarak servis yapın.

Domates çorbası

Hazırlama + pişirme süresi: 60 dakika | Yemekler: 3

Malzemeler:

2 kg domates, ikiye bölünmüş

1 soğan, doğranmış

1 kereviz sapı, doğranmış

3 yemek kaşığı zeytinyağı

1 yemek kaşığı domates püresi

bir tutam şeker

1 defne yaprağı

Talimatlar:

Benmari yapın, içine Sous Vide koyun ve 185 F'ye ayarlayın. Listelenen tüm malzemeleri tuz hariç bir kaseye koyun ve karıştırın. Onları vakumlu bir torbaya koyun. Su yer değiştirme yöntemini kullanarak havayı boşaltın, torbayı kapatın ve bir su banyosuna daldırın. Zamanlayıcıyı 40 dakikaya ayarlayın.

Zamanlayıcı durduğunda çantayı çıkarın ve açın. Malzemeleri bir karıştırıcıda karıştırın. Rendelenmiş domatesleri tavaya dökün ve orta ateşte koyun. Tuzla tatlandırın ve 10 dakika pişirin. Çorbayı kaselere paylaştırın ve soğumaya bırakın. Yanında düşük karbonhidratlı ekmekle sıcak servis yapın.

kavrulmuş pancar

Hazırlama + pişirme süresi: 1 saat 15 dakika | Yemekler: 3

Malzemeler:

2 pancar, soyulmuş ve 1 cm'lik parçalar halinde kesilmiş

⅓ su bardağı balzamik sirke

½ çay kaşığı zeytinyağı

⅓ su bardağı kavrulmuş ceviz

⅓ su bardağı rendelenmiş Grana Padano peyniri

Tatmak için tuz ve karabiber

Talimatlar:

Bir benmari yapın, içine Sous Vide koyun ve 183 F'ye ayarlayın. Pancarları, sirkeyi ve tuzu vakumlu bir torbaya koyun. Su yer değiştirme yöntemini kullanarak havayı boşaltın, torbayı kapatın ve bir su banyosuna daldırın. Zamanlayıcıyı 1 saate ayarlayın.

Zamanlayıcı durduğunda, çantayı çıkarın ve açın. Pancarları bir kaba aktarın, zeytinyağını ekleyin ve karıştırın. Üzerine fındık ve peynir serpin. Garnitür olarak servis yapın.

Patlıcanlı lazanya

Hazırlanışı + Pişirme süresi: 3 saat | Yemekler: 3

Malzemeler:

1 kg patlıcan, soyulmuş ve ince dilimlenmiş

1 yemek kaşığı tuz

1 su bardağı 3'e bölünmüş domates sosu

2 ons taze mozzarella, ince dilimlenmiş

1 ons rendelenmiş Parmesan

2 ons İtalyan harmanlanmış peynir, rendelenmiş

3 yemek kaşığı kıyılmış taze fesleğen

<u>Çatı:</u>

½ yemek kaşığı macadamia fıstığı, kızartılmış ve doğranmış

1 ons rendelenmiş Parmesan

1 ons İtalyan harman peyniri, rendelenmiş

Talimatlar:

Bir benmari yapın, içine Sous Vide koyun ve 183 F'ye ayarlayın. Patlıcanı tuzlayın. Vakumlu poşeti bir kenara koyun, patlıcanın yarısını koyun, bir parça domates sosu yayın, üst üste mozzarella peyniri, sonra parmesan peyniri, ardından peynir ve fesleğen karışımını koyun. Başka bir porsiyon domates sosu dökün.

Torbayı, mümkün olduğu kadar düz tutarak, suyla yer değiştirme yöntemini kullanarak dikkatlice kapatın. Torbayı su banyosuna daldırın. Zamanlayıcıyı 2 saate ayarlayın ve pişirin. İlk 30 dakikada patlıcan pişerken gaz çıkardığı için 2-3 kez nefes verin.

Zamanlayıcı durduğunda, torbayı dikkatlice çıkarın ve torbadaki sıvıyı boşaltmak için torbanın köşesini bir tokmakla delin. Torbayı servis tabağına alın, üstünü açın ve lazanyayı yavaşça tabağa itin. Kalan domates sosu, macadamia fıstığı, peynir karışımı ve parmesan ile süsleyin. Peyniri eritin ve bir kaynak makinesi ile kızartın.

Mantar çorbası

Hazırlama + pişirme süresi: 50 dakika | Yemekler: 3

Malzemeler:

1 kilo karışık mantar

2 soğan, doğranmış

3 diş sarımsak

2 dal kıyılmış maydanoz yaprağı

2 yemek kaşığı kekik tozu

2 yemek kaşığı zeytinyağı

2 su bardağı krema

2 su bardağı sebze suyu

Talimatlar:

Bir benmari yapın, içine Sous Vide'ı koyun ve 185 F'ye ayarlayın. Mantarları, soğanı ve kerevizi vakumlu bir torbaya koyun. Su yer değiştirme yöntemini kullanarak havayı boşaltın, torbayı kapatın ve bir su banyosuna daldırın. Zamanlayıcıyı 30 dakikaya ayarlayın. Zamanlayıcı durduğunda, çantayı çıkarın ve açın.

Torbadaki malzemeleri bir karıştırıcıda karıştırın. Tavayı orta ateşe koyun, yağı ekleyin. Isınmaya başlar başlamaz püre haline getirilmiş mantarları ve krema hariç diğer malzemeleri ekleyin. 10 dakika pişirin. Ocağı kapatın ve süt kremasını ekleyin. İyice karıştırın ve servis yapın.

Parmesanlı vejeteryan risotto

Hazırlama + pişirme süresi: 65 dakika | Yemekler: 5

Malzemeler:

2 su bardağı arborio pirinci

½ su bardağı sade beyaz pirinç

1 su bardağı sebze suyu

1 bardak su

6-8 ons rendelenmiş Parmesan peyniri

1 doğranmış soğan

1 yemek kaşığı tereyağı

Tatmak için tuz ve karabiber

Talimatlar:

Bir benmari hazırlayın ve içine Sous Vide koyun. 185 F'ye ayarlayın. Tereyağını orta ateşte bir tavada eritin. Soğan, pirinç ve baharatları ekleyip birkaç dakika pişirin. Vakumlu bir torbaya aktarın. Su yer değiştirme yöntemini kullanarak havayı boşaltın, torbayı kapatın ve bir su banyosuna daldırın. Zamanlayıcıyı 50 dakikaya ayarlayın. Zamanlayıcı durduğunda poşeti çıkarın ve parmesan peynirini ekleyin.

Yeşil çorba

Hazırlama + pişirme süresi: 55 dakika | Yemekler: 3

Malzemeler:

4 su bardağı sebze suyu

1 yemek kaşığı zeytinyağı

1 diş sarımsak, ezilmiş

1 cm zencefil, dilimlenmiş

1 çay kaşığı kişniş tozu

1 büyük kabak, doğranmış

3 su bardağı lahana

2 su bardağı brokoli, çiçeklerine ayrılmış

1 limon, sıkılmış ve rendelenmiş

Talimatlar:

Bir benmari yapın, içine Sous Vide'ı koyun ve 185 F'ye ayarlayın. Brokoliyi, kabağı, lahanayı ve maydanozu vakumlu kapatılabilir bir torbaya koyun. Su yer değiştirme yöntemini kullanarak havayı boşaltın, torbayı kapatın ve bir su banyosuna daldırın. Zamanlayıcıyı 30 dakikaya ayarlayın.

Zamanlayıcı durduğunda, çantayı çıkarın ve açın. Buğulanmış malzemeleri sarımsak ve zencefil ile karıştırıcıya ekleyin. Pürüzsüz olana kadar püre yapın. Yeşil püreyi tavaya dökün ve kalan listelenen malzemeleri ekleyin. Tavayı orta ateşte koyun ve 10 dakika pişirin. Garnitür olarak servis yapın.

Karışık sebze çorbası

Hazırlama + pişirme süresi: 55 dakika | Yemekler: 3

Malzemeler:

1 tatlı soğan, dilimlenmiş

1 çay kaşığı sarımsak tozu

2 su bardağı kabak, küçük küpler halinde kesilmiş

3 ons parmesan kabuğu

2 su bardağı bebek ıspanak

2 yemek kaşığı zeytinyağı

1 çay kaşığı kırmızı biber

2 su bardağı sebze suyu

1 dal biberiye

tatmak için tuz

Talimatlar:

Benmari yapın, içine Sous Vide'ı koyun ve 185 F'ye ayarlayın. Sarımsak ve tuz hariç tüm malzemeleri zeytinyağı ile karıştırın ve vakumlu bir poşete koyun. Su yer değiştirme yöntemini kullanarak havayı boşaltın, torbayı kapatın ve bir su banyosuna daldırın. Zamanlayıcıyı 30 dakikaya ayarlayın.

Zamanlayıcı durduğunda, çantayı çıkarın ve açın. Biberiyeyi atın. Kalan malzemeleri tavaya dökün ve tuz ve sarımsak tozu ekleyin. Tavayı orta ateşte koyun ve 10 dakika pişirin. Garnitür olarak servis yapın.

Füme Biber Mantısı

Hazırlama + pişirme süresi: 5 saat 15 dakika | Porsiyon: 9)

Malzemeler:

10 oz Wonton Sarar

Seçtiğiniz 10 ons sebze, rendelenmiş

2 yumurta

1 yemek kaşığı zeytinyağı

½ çay kaşığı toz biber

½ çay kaşığı füme kırmızı biber

½ çay kaşığı sarımsak tozu

Tatmak için tuz ve karabiber

Talimatlar:

Bir benmari hazırlayın ve içine Sous Vide koyun. 165F'ye ayarlayın.

Yumurtaları baharatlarla birlikte çırpın. Sebzeleri ve yağı ekleyin. Karışımı vakumlu bir torbaya dökün - Su yer değiştirme yöntemini kullanarak havayı boşaltın, torbayı kapatın ve bir su banyosuna daldırın. Zamanlayıcıyı 5 saate ayarlayın.

Zamanlayıcı durduğunda, torbayı çıkarın ve bir kaseye koyun. Karışımı raviolilere paylaştırın, rulo yapın ve kenarlarını sıkıştırarak kapatın. Orta ateşte 4 dakika kaynar suda pişirin.

Kinoa ve kerevizden yapılan miso yemeği

Hazırlama + pişirme süresi: 2 saat 25 dakika | Yemekler: 6

Malzemeler

1 kereviz, doğranmış

1 yemek kaşığı miso ezmesi

6 diş sarımsak

5 dal kekik

1 çay kaşığı soğan tozu

3 yemek kaşığı ricotta

1 yemek kaşığı hardal tohumu

¼ büyük limon suyu

5 adet irice doğranmış çeri domates

kıyılmış maydanoz

8 ons vegan tereyağı

8 ons pişmiş kinoa

talimatlar

Bir benmari hazırlayın ve içine Sous Vide koyun. 186F'ye ayarlayın.

Bu arada bir tavayı orta ateşte ısıtın ve sarımsak, kekik ve hardal tohumlarını ekleyin. Yaklaşık 2 dakika pişirin. Tereyağını ekleyin ve altın rengi olana kadar karıştırın. Soğan tozu ile karıştırın ve bir kenara koyun. Oda sıcaklığında soğumaya bırakın. Yeşillikleri vakumlu bir poşete koyun. Su yer değiştirme yöntemini kullanarak havayı boşaltın, torbayı kapatın ve bir su banyosuna daldırın. 2 saat pişirin.

Zamanlayıcı durduğunda poşeti çıkarın ve tavaya aktarın ve altın rengi kahverengi olana kadar karıştırın. Miso ile tatlandırın. Bir kenara koy. Bir tavayı orta ateşte ısıtın, domates, hardal ve kinoayı ekleyin. Limon suyu ve maydanoz ile birleştirin. Üzerine kereviz ve domates karışımı serperek servis yapın.

turp ve fesleğen salatası

Hazırlama + pişirme süresi: 50 dakika | Yemekler: 2

Malzemeler:

20 küçük turp, dilimlenmiş

1 yemek kaşığı beyaz şarap sirkesi

¼ fincan kıyılmış fesleğen

½ su bardağı beyaz peynir

1 yemek kaşığı şeker

1 yemek kaşığı su

¼ çay kaşığı tuz

Talimatlar:

Bir benmari hazırlayın ve içine Sous Vide koyun. 200 F'ye ayarlayın. Turpları büyük, vakumlu bir torbaya koyun ve sirke, şeker, tuz ve su ekleyin. Birleştirmek için sallayın. Su yer değiştirme yöntemini kullanarak havayı boşaltın, kapatın ve bir su banyosuna daldırın. 30 dakika pişirin. Zamanlayıcı durduğunda torbayı çıkarın ve buz banyosunda soğumaya bırakın. Sıcak servis yapın. Fesleğen ve beyaz peynir ile servis yapın.

biber karışımı

Hazırlama + pişirme süresi: 35 dakika | Yemekler: 2

Malzemeler:

1 kırmızı biber, doğranmış

1 sarı biber, doğranmış

1 yeşil biber, doğranmış

1 büyük turuncu dolmalık biber, doğranmış

tatmak için tuz

Talimatlar:

Bir benmari yapın, içine Sous Vide koyun ve 183 F'ye ayarlayın. Tüm tuzlanmış biberleri vakumlu bir torbaya koyun. Su yer değiştirme yöntemini kullanarak havayı boşaltın, kapatın ve bir su banyosuna daldırın. Zamanlayıcıyı 15 dakikaya ayarlayın. Zamanlayıcı durduğunda, çantayı çıkarın ve açın. Biber suyu ile garnitür olarak servis edilir.

Quinoa Zerdeçal Kişniş

Hazırlama + pişirme süresi: 105 dakika | Yemekler: 6

Malzemeler:

3 su bardağı kinoa

2 bardak ekşi krema

½ su bardağı su

3 yemek kaşığı kişniş yaprağı

2 çay kaşığı toz zerdeçal

1 yemek kaşığı tereyağı

½ kaşık tuz

Talimatlar:

Bir benmari hazırlayın ve içine Sous Vide koyun. 180F'ye ayarlayın.

Tüm malzemeleri vakumlu bir poşete koyun. İyice birleştirmek için karıştırın. Su yer değiştirme yöntemini kullanarak havayı boşaltın, torbayı kapatın ve bir su banyosuna daldırın. Zamanlayıcıyı 90 dakikaya ayarlayın. Zamanlayıcı durduğunda çantayı çıkarın. Sıcak servis yapın.

kekik beyaz fasulye

Hazırlama + pişirme süresi: 5 saat 15 dakika | Yemekler: 8

Malzemeler:

12 ons beyaz fasulye

1 su bardağı domates salçası

8 ons sebze suyu

1 yemek kaşığı şeker

3 yemek kaşığı tereyağı

1 bardak doğranmış soğan

1 dolmalık biber, doğranmış

1 yemek kaşığı kekik

2 kaşık kırmızı biber

Talimatlar:

Bir benmari hazırlayın ve içine Sous Vide koyun. 185F'ye ayarlayın.

Tüm malzemeleri vakumlu poşette karıştırın. Birleştirmek için karıştırın. Su yer değiştirme yöntemini kullanarak havayı boşaltın, torbayı kapatın ve bir su banyosuna daldırın. Zamanlayıcıyı 5 saate ayarlayın. Zamanlayıcı durduğunda çantayı çıkarın. Sıcak servis yapın.

Patates ve hurma salatası

Hazırlama + pişirme süresi: 3 saat 15 dakika | Yemekler: 6

Malzemeler:

2 kg patates, küp şeklinde doğranmış

5 ons kıyılmış tarihler

½ su bardağı ufalanmış keçi peyniri

1 yemek kaşığı kekik

1 yemek kaşığı zeytinyağı

1 yemek kaşığı limon suyu

3 yemek kaşığı tereyağı

1 çay kaşığı kişniş

1 yemek kaşığı tuz

1 yemek kaşığı kıyılmış maydanoz

¼ çay kaşığı sarımsak tozu

Talimatlar:

Bir benmari hazırlayın ve içine Sous Vide koyun. 190F'ye ayarlayın.

Patates, tereyağı, hurma, kekik, kişniş ve tuzu vakumlu bir poşete koyun. Su yer değiştirme yöntemini kullanarak havayı boşaltın, torbayı kapatın ve bir su banyosuna daldırın. Zamanlayıcıyı 3 saate ayarlayın.

Zamanlayıcı durduğunda, torbayı çıkarın ve bir kaseye koyun. Zeytinyağı, limon suyu, maydanoz ve sarımsak tozunu karıştırıp salatanın üzerine gezdirin. Peynir kullanıyorsanız, üzerine serpin.

karabiber

Hazırlama + pişirme süresi: 3 saat 10 dakika | Yemekler: 4

Malzemeler:

10 ons tahıl

4 yemek kaşığı tereyağı

1 ½ çay kaşığı kırmızı biber

10 ons su

½ çay kaşığı sarımsak tuzu

Talimatlar:

Bir benmari hazırlayın ve içine Sous Vide koyun. 180F'ye ayarlayın.

Tüm malzemeleri vakumlu bir poşete koyun. İyice karıştırmak için bir kaşıkla karıştırın. Su yer değiştirme yöntemini kullanarak havayı boşaltın, torbayı kapatın ve bir su banyosuna daldırın. Zamanlayıcıyı 3 saate ayarlayın. Zamanlayıcı durduğunda çantayı çıkarın. 4 servis kasesine paylaştırın.

Sebze üzüm karışımı

Hazırlama + pişirme süresi 105 dakika | Porsiyon: 9)

Malzemeler:

8 tatlı patates, yuvarlak kesilmiş

2 kırmızı soğan, dilimlenmiş

4 ons domates, püre

1 çay kaşığı kıyılmış sarımsak

Tatmak için tuz ve karabiber

1 yemek kaşığı üzüm suyu

Talimatlar:

Bir benmari hazırlayın ve içine Sous Vide koyun. 183 F'ye ayarlayın. Tüm malzemeleri ¼ bardak suyla birlikte vakumlu kapatılabilir bir torbaya koyun. Su yer değiştirme yöntemini kullanarak havayı boşaltın, torbayı kapatın ve bir su banyosuna daldırın. Zamanlayıcıyı 90 dakikaya ayarlayın. Zamanlayıcı durduğunda çantayı çıkarın. Sıcak servis yapın.

Bir kase nohut ve nane mantarı

Hazırlama + pişirme süresi: 4 saat 15 dakika | Yemekler: 8

Malzemeler:

9 ons mantar

3 su bardağı sebze suyu

1 pound nohut, geceden ıslatılmış ve süzülmüş

1 yemek kaşığı tereyağı

1 yemek kaşığı kırmızı biber

1 yemek kaşığı hardal

2 yemek kaşığı domates suyu

1 yemek kaşığı tuz

¼ fincan kıyılmış nane

1 yemek kaşığı zeytinyağı

Talimatlar:

Bir benmari hazırlayın ve içine Sous Vide koyun. 195 F'ye ayarlayın. Çorbayı ve nohudu vakumlu bir poşete koyun. Su yer değiştirme yöntemini kullanarak havayı boşaltın, torbayı kapatın ve bir su banyosuna daldırın. Zamanlayıcıyı 4 saate ayarlayın.

Zamanlayıcı durduğunda çantayı çıkarın. Yağı bir tavada orta ateşte ısıtın. Mantar, domates suyu, kırmızı biber, tuz ve hardalı ekleyin. 4 dakika pişirin. Nohutları süzüp tencereye ilave edin. 4 dakika daha pişirin. Tereyağı ve nane ile karıştırın.

sebze kaponata

Hazırlama + pişirme süresi: 2 saat 15 dakika | Yemekler: 4

Malzemeler:

4 konserve domates, ezilmiş

2 biber, dilimler halinde kesilmiş

2 kabak, dilimler halinde kesilmiş

½ dilimlenmiş soğan

2 patlıcan, dilimlenmiş

6 diş sarımsak, kıyılmış

2 yemek kaşığı zeytinyağı

6 fesleğen yaprağı

Tatmak için tuz ve karabiber

Talimatlar:

Bir benmari hazırlayın ve içine Sous Vide koyun. 185 F'ye ayarlayın. Tüm malzemeleri vakumlu bir torbada birleştirin. Su yer değiştirme yöntemini kullanarak havayı boşaltın, torbayı kapatın ve bir su banyosuna daldırın. Zamanlayıcıyı 2 saate ayarlayın. Zamanlayıcı durduğunda, bir tabağa aktarın.

Limonlu haşlanmış pazı

Hazırlama + pişirme süresi: 25 dakika | Yemekler: 2

2 pound İsviçre pazı

4 yemek kaşığı sızma zeytinyağı

2 diş sarımsak, ezilmiş

1 bütün limon, sıkılmış

2 çay kaşığı deniz tuzu

Talimatlar:

Pazıyı iyice yıkayın ve bir kevgir içinde süzün. Keskin bir bıçakla kabaca doğrayın ve geniş bir kaseye aktarın. 4 yemek kaşığı zeytinyağı, ezilmiş sarımsak, limon suyu ve deniz tuzunu karıştırın. Büyük, vakumlu bir torbaya aktarın ve kapatın. Sous vide'de 180 F'de 10 dakika pişirin.

Kök sebze püresi

Hazırlama + pişirme süresi: 3 saat 15 dakika | Yemekler: 4

Malzemeler:

2 kabak, soyulmuş ve dilimlenmiş

1 soyulmuş ve dilimlenmiş şalgam

1 büyük tatlı patates, soyulmuş ve dilimlenmiş

1 yemek kaşığı tereyağı

Tatmak için tuz ve karabiber

bir tutam hindistan cevizi

¼ çay kaşığı kekik

Talimatlar:

Bir benmari hazırlayın ve içine Sous Vide koyun. 185 F'ye ayarlayın. Sebzeleri vakumlu bir torbaya koyun. Su yer değiştirme yöntemini kullanarak havasını alın, kapatın ve bir su banyosuna daldırın, 3 saat pişirin. Hazır olduğunuzda poşeti çıkarın ve sebzeleri patates ezici ile ezin. Kalan malzemeleri ekleyin.

Domates soslu lahana ve biber

Hazırlama + pişirme süresi: 4 saat 45 dakika | Yemekler: 6

Malzemeler:

2 pound lahana, kıyılmış

1 su bardağı doğranmış dolmalık biber

1 su bardağı domates salçası

2 soğan, dilimlenmiş

1 yemek kaşığı şeker

Tatmak için tuz ve karabiber

1 yemek kaşığı kişniş

1 yemek kaşığı zeytinyağı

Talimatlar:

Bir benmari hazırlayın ve içine Sous Vide koyun. 184F'ye ayarlayın.

Lahana ve soğanı vakumlu bir torbaya koyun ve baharatlarla tatlandırın. Domates salçasını ekleyin ve iyice birleştirmek için karıştırın. Su yer değiştirme yöntemini kullanarak havayı boşaltın, torbayı kapatın ve bir su banyosuna daldırın. Zamanlayıcıyı 4 saat 30 dakikaya ayarlayın. Zamanlayıcı durduğunda çantayı çıkarın.

Mercimek ve domatesli hardallı yemek

Hazırlama + pişirme süresi: 105 dakika | Yemekler: 8

Malzemeler:

2 bardak mercimek

1 kutu doğranmış domates, süzülmemiş

1 su bardağı yeşil bezelye

3 su bardağı sebze suyu

3 su bardağı su

1 doğranmış soğan

1 havuç, dilimlenmiş

1 yemek kaşığı tereyağı

2 yemek kaşığı hardal

1 çay kaşığı kırmızı biber

2 yemek kaşığı limon suyu

Tatmak için tuz ve karabiber

Talimatlar:

Bir benmari hazırlayın ve içine Sous Vide koyun. 192 F'ye ayarlayın. Tüm malzemeleri büyük, vakumlu bir torbaya koyun. Su yer değiştirme yöntemini kullanarak havayı boşaltın, kapatın ve banyoya daldırın. 90 dakika pişirin. Zamanlayıcı durduğunda, poşeti çıkarın ve servis yapmadan önce büyük bir kaseye aktarın ve karıştırın.

Kırmızı biber ve kuru üzüm ile pirinç pilavı

Hazırlama + pişirme süresi: 3 saat 10 dakika | Yemekler: 6

Malzemeler:

2 bardak beyaz pirinç

2 su bardağı sebze suyu

⅔ su bardağı su

3 yemek kaşığı doğranmış kuru üzüm

2 yemek kaşığı ekşi krema

½ bardak doğranmış kırmızı soğan

1 dolmalık biber, doğranmış

Tatmak için tuz ve karabiber

1 yemek kaşığı kekik

Talimatlar:

Bir benmari hazırlayın ve içine Sous Vide koyun. 180F'ye ayarlayın.

Tüm malzemeleri vakumlu bir poşete koyun. İyice birleştirmek için karıştırın. Su yer değiştirme yöntemini kullanarak havayı boşaltın, torbayı kapatın ve bir su banyosuna daldırın. Zamanlayıcıyı 3 saate ayarlayın. Zamanlayıcı durduğunda çantayı çıkarın. Sıcak servis yapın.

yoğurt çorbası

Hazırlama + pişirme süresi: 2 saat 20 dakika | Yemekler: 4

Malzemeler

1 yemek kaşığı zeytinyağı

1½ çay kaşığı kimyon tohumu

1 orta boy soğan, doğranmış

1 pırasayı ikiye bölün ve ince dilimleyin

tatmak için tuz

2 kg doğranmış havuç

1 defne yaprağı

3 su bardağı sebze suyu

½ su bardağı tam yağlı yoğurt

elma sirkesi

taze dereotu yaprakları

talimatlar

Bir benmari hazırlayın ve içine Sous Vide koyun. 186 F'ye ayarlayın. Zeytinyağını büyük bir tavada orta ateşte ısıtın ve kimyon tohumlarını ekleyin. Onları 1 dakika kızartın. Soğan, tuz ve pırasa ekleyin ve 5-7 dakika veya yumuşayana kadar kızartın. Büyük bir kapta soğan, defne yaprağı, havuç ve 1/2 yemek kaşığı tuzu birleştirin.

Karışımı vakumlu poşete paylaştırın. Su yer değiştirme yöntemini kullanarak havayı boşaltın, torbayı kapatın ve bir su banyosuna daldırın. 2 saat pişirin.

Zamanlayıcı durduğunda, torbayı çıkarın ve bir kaseye sallayın. Sebze suyunu ekleyin ve karıştırın. yoğurdu karıştırın. Çorbayı biraz tuz ve sirke ile tatlandırıp dereotu yapraklarıyla süsleyerek servis yapın.

tereyağlı yaz kabağı

Hazırlama + pişirme süresi: 1 saat 35 dakika | Yemekler: 4

Malzemeler

2 yemek kaşığı tereyağı

¾ bardak doğranmış soğan

1 ½ pound kabak, dilimlenmiş

Tatmak için tuz ve karabiber

½ su bardağı tam yağlı süt

2 büyük bütün yumurta

½ su bardağı ezilmiş sade patates cipsi

talimatlar

Bir benmari hazırlayın ve içine Sous Vide koyun. 175F'ye ayarlayın

Bu arada, bazı tencereleri yağlayın. Büyük bir kızartma tavasını orta ateşte ısıtın ve tereyağını eritin. Soğanı ekleyin ve 7 dakika kızartın. Kabağı ekleyin, tuz ve karabiber ekleyin ve 10 dakika kızartın. Karışımı kaplara paylaştırın. Soğumaya bırakın ve kenara koyun.

Süt, tuz ve yumurtaları bir kapta çırpın. Biberle tatlandırın. Karışımı bardaklara dökün, kapatın ve bardakları su banyosuna daldırın. 60 dakika pişirin. Zamanlayıcı durduğunda kavanozları çıkarın ve 5 dakika soğumaya bırakın. Patateslerin üzerine servis yapın.

Köri ve nektarin ile zencefilli Hint turşusu

Hazırlama + pişirme süresi: 60 dakika | Yemekler: 3

Malzemeler

½ su bardağı toz şeker

½ su bardağı su

¼ fincan beyaz şarap sirkesi

1 diş sarımsak, kıyılmış

¼ fincan beyaz soğan, ince kıyılmış

1 limon suyu

2 çay kaşığı rendelenmiş taze zencefil

2 yemek kaşığı köri

Bir tutam kırmızı biber gevreği

Tatmak için tuz ve karabiber

tatmak için biber gevreği

4 büyük parça dilimlenmiş nektarin

¼ fincan kıyılmış taze fesleğen

talimatlar

Bir benmari hazırlayın ve içine Sous Vide koyun. 168F'ye ayarlayın.

Bir tavayı orta ateşte ısıtın ve su, şeker, beyaz şarap sirkesi ve sarımsağı karıştırın. Şeker yumuşayana kadar karıştırın. Limon suyu, soğan, köri tozu, zencefil ve pul biberi ekleyin. Tuz ve karabiberle tatlandırın. İyi çalkala. Karışımı vakumlu bir poşete koyun. Su yer değiştirme yöntemini kullanarak havayı boşaltın, torbayı kapatın ve bir su banyosuna daldırın. 40 dakika pişirin.

Zamanlayıcı durduğunda, torbayı çıkarın ve buz banyosuna yerleştirin. Yemeği servis tabağına alın. Fesleğen ile süsleyin.

Biberiye ile kırmızı patates konfi

Hazırlama + pişirme süresi: 1 saat 15 dakika | Yemekler: 4

Malzemeler

1 kiloluk rus patates, dilimlenmiş

tatmak için tuz

¼ çay kaşığı öğütülmüş beyaz biber

1 çay kaşığı öğütülmüş taze biberiye

2 yemek kaşığı tam tereyağı

1 yemek kaşığı mısır yağı

talimatlar

Bir benmari hazırlayın ve içine Sous Vide koyun. 192 F'ye ayarlayın. Patatesleri biberiye, tuz ve karabiberle tatlandırın. Patatesleri tereyağı ve sıvı yağ ile karıştırın. Vakumlu bir torbaya koyun. Su yer değiştirme yöntemini kullanarak havayı boşaltın, torbayı kapatın ve bir su banyosuna daldırın. 60 dakika pişirin. Zamanlayıcı durduğunda torbayı çıkarın ve büyük bir kaseye aktarın. Tereyağı ile süsleyip servis yapın.

Armut köri ve hindistan cevizi kreması

Hazırlama + pişirme süresi: 1 saat 10 dakika | Yemekler: 4

Malzemeler

2 armutun çekirdeklerini çıkarın, soyun ve dilimler halinde kesin

1 yemek kaşığı toz köri

2 yemek kaşığı hindistan cevizi kreması

talimatlar

Bir benmari hazırlayın ve içine Sous Vide koyun. 186F'ye ayarlayın.

Tüm malzemeleri birlikte karıştırın ve vakumlu bir torbaya koyun. Su yer değiştirme yöntemini kullanarak havayı boşaltın, torbayı kapatın ve bir su banyosuna daldırın. 60 dakika pişirin. Zamanlayıcı durduğunda torbayı çıkarın ve büyük bir kaseye aktarın. Servis tabaklarına paylaştırın ve servis yapın.

Yumuşak brokoli püresi

Hazırlama + pişirme süresi: 2 saat 15 dakika | Yemekler: 4

Malzemeler

1 baş brokoli, çiçeklerine ayrılmış

½ çay kaşığı sarımsak tozu

tatmak için tuz

1 yemek kaşığı tereyağı

1 yemek kaşığı ağır krema

talimatlar

Bir benmari hazırlayın ve içine Sous Vide koyun. 183 F'ye ayarlayın. Brokoli, tuz, sarımsak tozu ve ekşi kremayı karıştırın. Vakumlu bir torbaya koyun. Su yer değiştirme yöntemini kullanarak havayı boşaltın, torbayı kapatın ve bir su banyosuna daldırın. 2 saat pişirin.

Zamanlayıcı durduğunda, poşeti çıkarın ve atması için karıştırıcıya yerleştirin. Baharatlayın ve servis yapın.

Lezzetli hurma ve mango turşusu

Hazırlama + pişirme süresi: 1 saat 45 dakika | Yemekler: 4

Malzemeler

2 kg kıyılmış mango

1 küçük soğan, doğranmış

½ fincan açık kahverengi şeker

¼ fincan hurma

2 yemek kaşığı elma sirkesi

2 yemek kaşığı taze sıkılmış limon suyu

1½ çay kaşığı sarı hardal tohumu

1½ çay kaşığı kişniş tohumu

tatmak için tuz

¼ çay kaşığı köri tozu

¼ çay kaşığı kuru zerdeçal

⅛ çay kaşığı acı biber

talimatlar

Bir benmari hazırlayın ve içine Sous Vide koyun. 183F'ye ayarlayın.

Tüm malzemeleri toplayın. Vakumlu bir torbaya koyun. Su yer değiştirme yöntemini kullanarak havayı boşaltın, torbayı kapatın ve bir su banyosuna daldırın. 90 dakika pişirin. Zamanlayıcı durduğunda, torbayı çıkarın ve tavaya sallayın.

Cevizli mandalina ve yeşil fasulye salatası

Hazırlama + pişirme süresi: 1 saat 10 dakika | Porsiyon: 8)

Malzemeler

2 pound yeşil fasulye, dilimlenmiş

2 mandalina

2 yemek kaşığı tereyağı

tatmak için tuz

2 ons ceviz

talimatlar

Bir benmari hazırlayın ve içine Sous Vide koyun. 186 F'ye ayarlayın. Yeşil fasulye, tuz ve tereyağını ilave edin. Vakumlu bir torbaya koyun. Mandalina kabuğunu ve suyunu ekleyin. Su yer değiştirme yöntemini kullanarak havayı boşaltın, torbayı kapatın ve bir su banyosuna daldırın. 1 saat pişirin. Zamanlayıcı durduğunda poşeti çıkarın ve bir tabağa aktarın. Mandalina kabuğu ve ceviz serpin.

Hindistan cevizi ile yeşil bezelye kreması

Hazırlama + pişirme süresi: 1 saat 10 dakika | Porsiyon: 8)

Malzemeler

1 pound taze yeşil bezelye

1 su bardağı süt kreması

¼ fincan tereyağı

1 yemek kaşığı mısır nişastası

¼ çay kaşığı öğütülmüş hindistan cevizi

4 karanfil

2 defne yaprağı

tatmak için karabiber

talimatlar

Bir benmari hazırlayın ve içine Sous Vide koyun. 184 F'ye ayarlayın. Mısır nişastası, muskat ve kremayı bir kapta karıştırın. Mısır nişastası yumuşayana kadar çırpın.

Karışımı vakumlu bir poşete koyun. Su yer değiştirme yöntemini kullanarak havayı boşaltın, torbayı kapatın ve bir su banyosuna daldırın. 1 saat pişirin. Zamanlayıcı durduğunda çantayı dışarı çekin ve defne yaprağını çıkarın. Sert.

Kolay Brokoli Püresi

Hazırlama + pişirme süresi: 60 dakika | Yemekler: 4

Malzemeler

1 baş brokoli

1 su bardağı sebze suyu

3 yemek kaşığı tereyağı

tatmak için tuz

talimatlar

Bir benmari hazırlayın ve içine Sous Vide koyun. 186F'ye ayarlayın.

Brokoli, tereyağı ve sebze suyunu ekleyin. Vakumlu bir torbaya koyun. Su yer değiştirme yöntemini kullanarak havayı boşaltın, torbayı kapatın ve bir su banyosuna daldırın. 45 dakika pişirin.

Zamanlayıcı durduğunda, torbayı çıkarın ve boşaltın. Pişirme suyunu saklayın. Brokoliyi bir karıştırıcıya yerleştirin ve pürüzsüz olana kadar karıştırın. Pişirme suyunun bir kısmını dökün. Servis yapmadan önce tuz ve karabiber serpin.

Kırmızı biberli brokoli çorbası

Hazırlama + pişirme süresi: 1 saat 25 dakika | Porsiyon: 8)

Malzemeler

2 yemek kaşığı zeytinyağı

1 büyük soğan, doğranmış

2 diş sarımsak, dilimlenmiş

tatmak için tuz

⅛ çay kaşığı ezilmiş kırmızı biber gevreği

1 baş brokoli, çiçeklerine ayrılmış

1 elmayı soyup rendeleyin

6 su bardağı sebze suyu

talimatlar

Bir benmari hazırlayın ve içine Sous Vide koyun. 183F'ye ayarlayın.

Bir tavayı yağ ile orta ateşte altın rengi olana kadar ısıtın. Soğanı, 1/4 çay kaşığı tuzu ve sarımsağı 7 dakika soteleyin. Biber pullarını ekleyin ve iyice karıştırın. Ateşten alın. Soğumaya bırakın.

Elma karışımını, brokoliyi, soğanı ve 1/4 yemek kaşığı tuzu vakumlu bir torbaya koyun. Su yer değiştirme yöntemini kullanarak havayı boşaltın, torbayı kapatın ve bir su banyosuna daldırın. 1 saat pişirin.

Zamanlayıcı durduğunda, torbayı çıkarın ve tavaya aktarın. Sebze suyunu dökün ve karıştırın. Tuzla tatlandırın ve servis yapın.

Susam ve bal ile Miso mısır yenibahar

Hazırlama + pişirme süresi: 45 dakika | Yemekler: 4

Malzemeler

4 kulak mısır

6 yemek kaşığı tereyağı

3 yemek kaşığı kırmızı miso ezmesi

1 yemek kaşığı bal

1 çay kaşığı yenibahar

1 yemek kaşığı kolza tohumu yağı

1 frenk soğanı, ince dilimlenmiş

1 çay kaşığı kavrulmuş susam

talimatlar

Bir benmari hazırlayın ve içine Sous Vide koyun. 183 F'ye ayarlayın. Mısırın kabuklarını soyun ve koçanlarını kesin. Her mısırı 2 yemek kaşığı tereyağı ile doldurun. Vakumlu bir torbaya koyun. Su yer değiştirme yöntemini kullanarak havayı boşaltın, torbayı kapatın ve bir su banyosuna daldırın. 30 dakika pişirin.

Bu arada 4 yemek kaşığı tereyağı, 2 yemek kaşığı miso salçası, bal, kanola yağı ve yenibaharı bir kapta karıştırın. İyi çalkala. Bir kenara koy. Zamanlayıcı durduğunda, torbayı çıkarın ve mısırı kapatın. Üzerine miso karışımını yayın. Susam yağı ve frenk soğanı ile süsleyin.

Bezelye ile kremalı gnocchi

Hazırlama + pişirme süresi: 1 saat 50 dakika | Yemekler: 2

Malzemeler

1 paket gnocchi

1 yemek kaşığı tereyağı

½ tatlı soğan, ince dilimlenmiş

Tatmak için tuz ve karabiber

½ su bardağı donmuş bezelye

¼ su bardağı ekşi krema

½ su bardağı rendelenmiş Pecorino Romano peyniri

talimatlar

Bir benmari hazırlayın ve içine Sous Vide koyun. 183 F'ye ayarlayın. Gnocchi'yi vakumlu kapatılabilir bir torbaya koyun. Su yer değiştirme yöntemini kullanarak havayı boşaltın, torbayı kapatın ve bir su banyosuna daldırın. 1 saat 30 dakika pişirin.

Zamanlayıcı durduğunda, çantayı çıkarın ve bir kenara koyun. Bir tavayı orta ateşte tereyağı ile ısıtın ve soğanı 3 dakika kızartın. Dondurulmuş bezelye ve kremayı ekleyip pişirin. Kremalı sosu gnocchilerin üzerine dökün, karabiber ve tuz ekleyin ve servis tabağına alın.

bal ve roka salatası

Hazırlama + pişirme süresi: 3 saat 50 dakika | Yemekler: 4

Malzemeler

2 kaşık bal

2 elmanın çekirdeklerini çıkarın, ikiye bölün ve dilimler halinde kesin

½ fincan ceviz, kızartılmış ve doğranmış

½ su bardağı rendelenmiş Grana Padano peyniri

4 bardak roka

tatmak için deniz tuzu

<u>Onu giy</u>

¼ su bardağı zeytinyağı

1 yemek kaşığı beyaz şarap sirkesi

1 çay kaşığı Dijon hardalı

1 diş sarımsak, kıyılmış

tatmak için tuz

talimatlar

Bir benmari hazırlayın ve içine Sous Vide koyun. 158 F'ye ayarlayın. Balı bir cam kaba koyun ve 30 saniye ısıtın, elmaları ekleyin ve iyice karıştırın. Vakumlu bir poşete koyun. Su yer değiştirme yöntemini kullanarak havayı boşaltın, torbayı kapatın ve bir su banyosuna daldırın. 30 dakika pişirin.

Zamanlayıcı durduğunda, torbayı çıkarın ve 5 dakika buzlu su banyosuna aktarın. 3 saat buzdolabında bekletin. Sos için tüm malzemeleri bir sürahide karıştırın ve iyice çalkalayın. Buzdolabında bir süre soğumaya bırakın.

Roka, ceviz ve Grana Padano peynirini bir kapta karıştırın. Şeftali dilimleri ekleyin. Bir bandajla örtün. Tuz ve karabiber serpin ve servis yapın.

limonlu tereyağı soslu yengeç

Hazırlama + pişirme süresi: 70 dakika | Yemekler: 4

Malzemeler

6 diş sarımsak, kıyılmış

½ limonun kabuğu ve suyu

1 pound yengeç eti

4 yemek kaşığı tereyağı

talimatlar

Bir benmari hazırlayın ve içine Sous Vide koyun. 137 F'ye ayarlayın. Sarımsağın yarısını, limon kabuğu rendesini ve limon suyunun yarısını iyice karıştırın. Bir kenara koy. Yengeç eti, tereyağı ve limon karışımını vakumlu bir poşete koyun. Su yer değiştirme yöntemini kullanarak havayı boşaltın, torbayı kapatın ve bir su banyosuna daldırın. 50 dakika pişirin. Zamanlayıcı durduğunda çantayı çıkarın. Pişirme sıvılarını atın.

Bir tavayı orta-düşük ateşte ısıtın ve kalan tereyağını, kalan limon karışımını ve kalan limon suyunu dökün. Yengeci limon yağıyla gezdirilmiş 4 kasede servis edin.

Kuzey Hızlı Somon

Hazırlama + pişirme süresi: 30 dakika | Yemekler: 4

Malzemeler

1 yemek kaşığı zeytinyağı

4 adet derili somon filetosu

Tatmak için tuz ve karabiber

1 limonun kabuğu ve suyu

2 yemek kaşığı sarı hardal

2 yemek kaşığı susam yağı

talimatlar

Bir benmari hazırlayın ve içine Sous Vide koyun. 114 F'ye ayarlayın. Somonu tuz ve karabiberle tatlandırın. Limon kabuğunu ve suyunu, yağı ve hardalı ekleyip karıştırın. Somonu hardal karışımıyla birlikte 2 vakumlu poşete koyun. Su yer değiştirme yöntemini kullanarak havayı boşaltın, torbaları kapatın ve banyoya daldırın. 20 dakika pişirin. Susam yağını bir tavada ısıtın. Zamanlayıcı durduğunda, somonu çıkarın ve kurulayın. Somonu tavaya aktarın ve her iki tarafını 30 saniye kızartın.

Hardal ve tamari soslu lezzetli alabalık

Hazırlama + pişirme süresi: 35 dakika | Yemekler: 4

Malzemeler

¼ su bardağı zeytinyağı

4 alabalık filetosu, derisi alınmış ve dilimlenmiş

½ su bardağı tamari sosu

¼ fincan açık kahverengi şeker

2 diş sarımsak, doğranmış

1 yemek kaşığı Coleman hardalı

talimatlar

Bir benmari hazırlayın ve içine Sous Vide koyun. 130 F'ye ayarlayın. Tamari sosu, esmer şeker, zeytinyağı ve sarımsağı karıştırın. Alabalığı tamari karışımıyla birlikte vakumlu bir torbaya koyun. Su yer değiştirme yöntemini kullanarak havayı boşaltın, torbayı kapatın ve bir su banyosuna daldırın. 30 dakika pişirin.

Zamanlayıcı durduğunda alabalığı çıkarın ve bir mutfak havlusu ile kurulayın. Pişirme sıvılarını atın. Tamari sosu ve hardalla süsleyerek servis yapın.

Zencefilli soslu susamlı ton balığı

Hazırlama + pişirme süresi: 45 dakika | Yemekler: 6

Malzemeler:

<u>Tuna:</u>

3 ton balığı bifteği

Tatmak için tuz ve karabiber

⅓ su bardağı zeytinyağı

2 yemek kaşığı kolza yağı

½ su bardağı siyah susam

½ su bardağı beyaz susam

<u>Zencefil Sosu:</u>

1 cm zencefil, rendelenmiş

2 arpacık soğan, doğranmış

1 kırmızı biber, doğranmış

3 yemek kaşığı su

2 ½ limon suyu

1 ½ yemek kaşığı pirinç sirkesi

2 ½ yemek kaşığı soya sosu

1 yemek kaşığı balık sosu

1 ½ yemek kaşığı şeker

1 demet marul yaprağı

Talimatlar:

Sosla başlayın: küçük bir tavayı kısık ateşe koyun ve zeytinyağını ekleyin. Sıcakken zencefil ve biber ekleyin. 3 dakika pişirin. Şeker ve sirke ekleyin, karıştırın ve şeker eriyene kadar pişirin. Su ekleyin ve kaynatın. Soya sosu, balık sosu ve limon suyunu ekleyip 2 dakika pişirin. Serinlemek için bir kitap.

Bir benmari yapın, içine Sous Vide'ı koyun ve 110 F'ye ayarlayın. Ton balığını tuz ve karabiberle tatlandırın ve 3 ayrı vakumlu poşete koyun. Yağ ekleyin, suyla yer değiştirme yöntemini kullanarak torbanın havasını boşaltın, kapatın ve torbayı su banyosuna daldırın. Zamanlayıcıyı 30 dakikaya ayarlayın.

Zamanlayıcı durduğunda, çantayı çıkarın ve açın. Ton balığını bir kenara koyun. Tavayı kısık ateşe koyun ve kolza yağı ekleyin. Isıtırken kasedeki susam tohumlarını karıştırın. Ton balığını kurutun, üzerine susam serpin ve kızgın yağda çekirdekleri kızarana kadar alt ve üstte kızartın.

Ton balığını ince şeritler halinde kesin. Salatayı bir tabağa koyun ve ton balığını salata yatağına yayın. Meze olarak zencefil sosu ile servis yapın.

Limon ve sarımsaklı göksel rulolar

Hazırlama + pişirme süresi: 60 dakika | Yemekler: 4

Malzemeler

4 yemek kaşığı tereyağı

1 kg pişmiş yengeç eti

2 diş sarımsak, doğranmış

½ limonun kabuğu ve suyu

½ su bardağı mayonez

1 soğan rezene, doğranmış

Tatmak için tuz ve karabiber

4 çörek, bölünmüş, yağlanmış ve kızartılmış

talimatlar

Bir benmari hazırlayın ve içine Sous Vide koyun. 137 F'ye ayarlayın. Sarımsak, limon kabuğu rendesi ve 1/4 fincan limon suyunu karıştırın. Yengeç etini, tereyağ ve limon karışımıyla birlikte vakumlu bir poşete koyun. Su yer değiştirme yöntemini kullanarak havayı boşaltın, torbayı kapatın ve bir su banyosuna daldırın. 50 dakika pişirin.

Zamanlayıcı durduğunda, torbayı çıkarın ve bir kaseye koyun. Pişirme sıvılarını atın. Yengeç etini kalan limon suyu, mayonez, rezene, dereotu, tuz ve karabiberle karıştırın. Servis yapmadan önce ruloları yengeç eti karışımıyla doldurun.

Limon sosu ile tatlandırılmış kömürleşmiş ahtapot

Hazırlama + pişirme süresi: 4 saat 15 dakika | Yemekler: 4

Malzemeler

5 yemek kaşığı zeytinyağı

1 pound ahtapot dokunaçları

Tatmak için tuz ve karabiber

2 yemek kaşığı limon suyu

1 yemek kaşığı limon kabuğu

1 yemek kaşığı kıyılmış taze maydanoz

1 yemek kaşığı kekik

1 yemek kaşığı kırmızı biber

talimatlar

Bir benmari hazırlayın ve içine Sous Vide koyun. 179 F'ye ayarlayın. Dokunaçları orta uzunlukta parçalar halinde kesin. Tuz ve karabiber serpin. Uzunları zeytinyağı ile vakumlu bir torbaya koyun. Su yer değiştirme yöntemini kullanarak havayı boşaltın, torbayı kapatın ve bir su banyosuna daldırın. 4 saat pişirin.

Zamanlayıcı durduğunda ahtapotu çıkarın ve bir mutfak havlusu ile kurulayın. Pişirme sıvılarını atın. Zeytinyağı gezdirin.

Izgarayı orta ateşte ısıtın ve dokunaçları her iki tarafta 10-15 saniye pişirin. Bir kenara koy. Limon suyu, limon kabuğu, kırmızı biber, kekik ve maydanozu iyice karıştırın. Ahtapotun üzerine limonlu sosu dökün.

Karidesli Creole şişleri

Hazırlama + pişirme süresi: 50 dakika | Yemekler: 4

Malzemeler

1 limonun kabuğu ve suyu

6 yemek kaşığı tereyağı

2 diş sarımsak, doğranmış

Tatmak için tuz ve beyaz biber

1 yemek kaşığı Creole baharatı

1½ kg karides, temizlenmiş

1 yemek kaşığı kıyılmış taze dereotu + dekorasyon için
limon dilimleri

talimatlar

Bir benmari hazırlayın ve içine Sous Vide koyun. 137F'ye ayarlayın.

Tereyağını orta ateşte bir tavada eritin ve sarımsak, Creole çeşnisi,
limon kabuğu rendesi ve suyu, tuz ve karabiberi ekleyin. Tereyağı
eriyene kadar 5 dakika pişirin. Rezerve edin ve soğumaya bırakın.

Karidesleri tereyağlı karışımla birlikte vakumlu bir poşete koyun. Su yer değiştirme yöntemini kullanarak havayı boşaltın, torbayı kapatın ve bir su banyosuna daldırın. 30 dakika pişirin.

Zamanlayıcı durduğunda, karidesleri çıkarın ve kağıt havlularla kurulayın. Pişirme sıvılarını atın. Karidesleri şişlere geçirin ve servis yapmadan önce dereotu ve limon kabuğu rendesi ile süsleyin.

Baharatlı soslu karides

Hazırlama + pişirme süresi: 40 dakika + soğuma süresi | Yemekler: 5

Malzemeler

2 pound temizlenmiş ve soyulmuş karides

1 su bardağı domates püresi

2 kaşık yaban turpu sosu

1 yemek kaşığı limon suyu

1 çay kaşığı Tabasco sosu

Tatmak için tuz ve karabiber

talimatlar

Bir benmari hazırlayın ve içine Sous Vide koyun. 137 F'ye ayarlayın. Karidesleri vakumlu kapatılabilir bir torbaya koyun. Su yer değiştirme yöntemini kullanarak havayı boşaltın, torbayı kapatın ve banyoya daldırın. 30 dakika pişirin.

Zamanlayıcı durduğunda, torbayı çıkarın ve 10 dakika buzlu su banyosuna aktarın. 1-6 saat buzdolabında soğumaya bırakın. Domates salçası, yaban turpu sosu, soya sosu, limon suyu, Tabasco sosu, tuz ve karabiberi iyice karıştırın. Gambare'yi sosla birlikte servis edin.

Arpacık ve tarhun ile deniz yaprağı

Hazırlama + pişirme süresi: 50 dakika | Yemekler: 2

Malzemeler:

2 kg çipura fileto

3 dal tarhun yaprağı

1 çay kaşığı sarımsak tozu

1 çay kaşığı soğan tozu

Tatmak için tuz ve beyaz biber

2 ½ çay kaşığı + 2 çay kaşığı tereyağı

2 arpacık soğan, soyulmuş ve ikiye bölünmüş

2 dal kekik

dekorasyon için limon dilimleri

Talimatlar:

Bir benmari yapın, içine Sous Vide'ı koyun ve 124 F'ye ayarlayın. Pisi balığı filetolarını 3 parçaya bölün ve tuz, sarımsak tozu, soğan tozu ve karabiberle ovun. Filetoları, tarhunları ve 2 ½ çay kaşığı tereyağını 3 ayrı vakumlu poşete koyun. Su yer değiştirme yöntemini kullanarak havayı boşaltın ve torbaları kapatın. Onları bir su banyosuna koyun ve 40 dakika pişirin.

Zamanlayıcı durduğunda poşetleri çıkarın ve açın. Tavayı kısık ateşe koyun ve kalan tereyağını ekleyin. Isıtıldıktan sonra halibutu soyun ve kurulayın. Arpacık soğanlı ve kekikli pisi balığını ekleyip altı ve üstü kızarana kadar kızartın. Limon dilimleri ile süsleyin. Haşlanmış sebzelerin yanında servis yapın.

Ot yağı ve limon ile morina

Hazırlama + pişirme süresi: 37 dakika | Yemekler: 6

Malzemeler

8 yemek kaşığı tereyağı

6 morina filetosu

Tatmak için tuz ve karabiber

½ limon kabuğu rendesi

1 yemek kaşığı kıyılmış taze dereotu

½ yemek kaşığı kıyılmış taze kişniş

½ yemek kaşığı kıyılmış taze fesleğen

½ yemek kaşığı kıyılmış taze adaçayı

talimatlar

Bir benmari hazırlayın ve içine Sous Vide koyun. 134 F'ye ayarlayın. Morinaya tuz ve karabiber serpin. Morina ve limon kabuğunu hava geçirmez bir torbaya koyun.

Tereyağı, dereotu yarısı, frenk soğanı, fesleğen ve adaçayı ayrı bir vakumlu poşete koyun. Su yer değiştirme yöntemini kullanarak havayı boşaltın, kapatın ve her iki torbayı da bir su banyosuna daldırın. 30 dakika pişirin.

Zamanlayıcı durduğunda morina balığını çıkarın ve bir mutfak havlusu ile kurulayın. Pişirme sıvılarını atın. Tereyağını ikinci torbadan çıkarın ve morina üzerine dökün. Dereotu kalanıyla süsleyin.

Beurre Nantais ile snort

Hazırlama + pişirme süresi: 45 dakika | Yemekler: 6

Malzemeler:

<u>orfoz</u>

2 kg orfoz, 3 parçaya bölünmüş

1 çay kaşığı toz kimyon

½ çay kaşığı sarımsak tozu

½ çay kaşığı soğan tozu

½ çay kaşığı kişniş tozu

¼ bardak balık baharatı

¼ su bardağı ceviz yağı

Tatmak için tuz ve beyaz biber

<u>Berre Blanc:</u>

1 kilo tereyağ

2 yemek kaşığı elma sirkesi

2 arpacık soğan, doğranmış

1 çay kaşığı öğütülmüş karabiber

5 ons ağır krema,

tatmak için tuz

2 dal dereotu

1 yemek kaşığı limon suyu

1 yemek kaşığı zerdeçal tozu

Talimatlar:

Bir benmari yapın, içine Sous Vide koyun ve 132 F'ye ayarlayın. Orfoz parçalarını tuz ve beyaz biberle çeşnilendirin. Vakumlu kapatılabilir bir torbaya koyun, su yer değiştirme yöntemini kullanarak havayı boşaltın, kapatın ve torbayı bir su banyosuna daldırın. Zamanlayıcıyı 30 dakikaya ayarlayın. Balık için kimyon, sarımsak, soğan, kişniş ve baharatları ekleyip karıştırın. Bir kenara koy.

Bu sırada beurre blanc'ı hazırlayın. Orta ateşte bir tava koyun ve soğan, sirke ve biber ekleyin. Şurup elde edene kadar pişirin. Isıyı düşük seviyeye indirin ve sürekli karıştırarak tereyağını ekleyin. Dereotu, limon suyu ve zerdeçal tozunu ekleyip sürekli karıştırarak 2 dakika pişirin. Kremayı ekleyin ve tuzla tatlandırın. 1 dakika pişirin. Isıyı kapatın ve bir kenara koyun.

Zamanlayıcı durduğunda, çantayı çıkarın ve açın. Tavayı orta ateşe koyun, ceviz yağını ekleyin. Kabuklarını kurutun ve baharat karışımıyla tatlandırın ve kızgın yağda kızartın. Orfoz ve beurre nantais'i sotelenmiş ıspanakla servis edin.

ton balığı gevreği

Hazırlama + pişirme süresi: 1 saat 45 dakika | Yemekler: 4

Malzemeler:

¼ kg ton balığı biftek

1 çay kaşığı biberiye yaprağı

1 çay kaşığı kekik yaprağı

2 su bardağı zeytinyağı

1 diş sarımsak, kıyılmış

Talimatlar:

Benmari yapın, içine Sous Vide koyun ve 135 F'ye ayarlayın. Ton balığı bifteği, tuz, biberiye, sarımsak, kekik ve iki yemek kaşığı yağı vakumlu bir poşete koyun. Su yer değiştirme yöntemini kullanarak havayı boşaltın, torbayı kapatın ve bir su banyosuna daldırın. Zamanlayıcıyı 1 saat 30 dakikaya ayarlayın.

Zamanlayıcı durduğunda çantayı çıkarın. Ton balığını bir kaseye koyun ve bir kenara koyun. Tavayı yüksek ateşe koyun, kalan yağı ekleyin. Isıtıldığında ton balığının üzerine dökün. Ton balığını iki çatalla parçalayın. Bir haftaya kadar zeytinyağı ile hava geçirmez bir kapta aktarın ve saklayın. Salatalarda servis yapın.

tereyağlı deniz tarağı

Hazırlama + pişirme süresi: 55 dakika | Yemekler: 3

Malzemeler:

½ kg deniz tarağı

3 yemek kaşığı tereyağı (2 yemek kaşığı kızartmak için + 1 yemek kaşığı kızartmak için)

Tatmak için tuz ve karabiber

Talimatlar:

Bir su banyosu yapın, içine Sous Vide koyun ve 140 F'ye ayarlayın. Deniz taraklarını bir kağıt havluyla kurulayın. Deniz tarağı, tuz, 2 yemek kaşığı tereyağı ve karabiberi vakumlu bir poşete koyun. Su yer değiştirme yöntemini kullanarak havayı boşaltın, torbayı kapatın ve bir su banyosuna daldırın ve zamanlayıcıyı 40 dakikaya ayarlayın.

Zamanlayıcı durduğunda, çantayı çıkarın ve açın. Tarakları kağıt havluyla kurulayın ve bir kenara koyun. Tavayı orta ateşte ve kalan tereyağı üzerine yerleştirin. Fistolar eriyince her iki tarafını da kızarana kadar kızartın. Tereyağlı karışık sebzelerin yanında servis yapın.

nane sardalya

Hazırlama + pişirme süresi: 1 saat 20 dakika | Yemekler: 3

Malzemeler:

2 kilo sardalye

¼ su bardağı zeytinyağı

3 diş sarımsak, ezilmiş

1 büyük limon, taze sıkılmış

2 dal taze nane

Tatmak için tuz ve karabiber

Talimatlar:

Her balığı yıkayın ve temizleyin, ancak deriyi koruyun. Mutfak kağıdı ile kurulayın.

Geniş bir kapta zeytinyağını sarımsak, limon suyu, taze nane, tuz ve karabiberle karıştırın. Sardalyaları, marine ile birlikte büyük, vakumlu bir torbaya koyun. Çift kazanda 104 F'de bir saat pişirin. Banyodan çıkarın ve süzün, ancak sosu saklayın. Sosu ve buğulanmış pırasaları balığın üzerine dökün.

Beyaz şarap ile altın

Hazırlanışı + Pişirme süresi: 2 saat | Yemekler: 2

Malzemeler:

1 pound çipura, yaklaşık 1 inç kalınlığında, temizlenmiş

1 su bardağı sızma zeytinyağı

1 limon, sıkılmış

1 yemek kaşığı şeker

1 yemek kaşığı kuru biberiye

½ yemek kaşığı kurutulmuş kekik

2 diş sarımsak, ezilmiş

½ bardak beyaz şarap

1 çay kaşığı deniz tuzu

Talimatlar:

Büyük bir kapta zeytinyağını limon suyu, şeker, biberiye, kekik, ezilmiş sarımsak, şarap ve tuzla karıştırın. Balığı bu karışıma batırın ve bir saat buzdolabında marine edin. Buzdolabından çıkarın ve süzün, sıvıyı servis için ayırın. Filetoları büyük bir vakumlu torbaya koyun ve kapatın. 122 F'de 40 dakika sous vide pişirin. Kalan turşuyu filetoların üzerine gezdirin ve servis yapın.

Avokado ile somon ve lahana salatası

Hazırlanışı + Pişirme süresi: 1 saat | Yemekler: 3

Malzemeler:

1 kg derisiz somon fileto

Tatmak için tuz ve karabiber

½ organik limon, sıkılmış

1 yemek kaşığı zeytinyağı

1 bardak lahana yaprağı, kıyılmış

½ fincan kavrulmuş havuç, dilimlenmiş

½ olgun avokado, küçük küpler halinde kesilmiş

1 yemek kaşığı taze dereotu

1 yemek kaşığı taze maydanoz yaprağı

Talimatlar:

Filetoyu her iki tarafına da tuz ve karabiber serpin ve büyük bir kilitli torbaya koyun. Torbayı kapatın ve 122 F'de 40 dakika sous vide pişirin. Somonu benmariden çıkarın ve bir kenara koyun.

Bir kasede limon suyu, bir tutam tuz ve karabiberi karıştırın ve sürekli karıştırarak yavaş yavaş zeytinyağını ekleyin. Kıyılmış lahanayı ekleyin ve salata sosu ile eşit şekilde kaplamak için fırlatın. Kavrulmuş havuç, avokado, dereotu ve maydanozu ekleyin. Birleştirmek için hafifçe karıştırın. Bir tabağa aktarın ve üstüne somonla servis yapın.

zencefilli somon

Hazırlama + pişirme süresi: 45 dakika | Yemekler: 4

Malzemeler:

4 somon filetosu, derisi üzerinde

2 yemek kaşığı susam yağı

1 ½ zeytinyağı

2 yemek kaşığı rendelenmiş zencefil

2 yemek kaşığı şeker

Talimatlar:

Bir çift kazan yapın, içine bir Sous Vide koyun ve 124F'ye ayarlayın. Somonu tuz ve karabiberle tatlandırın. Kalan malzemeleri bir kaba koyun ve karıştırın.

Somon ve şeker karışımını vakumla kapatılmış iki torbaya koyun, suyla yer değiştirme yöntemini kullanarak havayı boşaltın, kapatın ve torbayı bir su banyosuna daldırın. Zamanlayıcıyı 30 dakikaya ayarlayın.

Zamanlayıcı durduğunda, çantayı çıkarın ve açın. Orta ateşte bir tava koyun, altına bir parça parşömen kağıdı koyun ve ısıtın. Somonu deri tarafı aşağı gelecek şekilde ekleyin ve her birini 1 dakika kavurun. Yanında tereyağlı brokoli ile servis yapın.

Taze limon suyunda midye

Hazırlama + pişirme süresi: 40 dakika | Yemekler: 2

Malzemeler:

1 pound taze istiridye, kıyılmış

1 orta boy soğan, soyulmuş ve ince doğranmış

Diş sarımsak, ezilmiş

½ su bardağı taze sıkılmış limon suyu

¼ fincan taze maydanoz, ince kıyılmış

1 yemek kaşığı ince kıyılmış biberiye

2 yemek kaşığı zeytinyağı

Talimatlar:

Midyeleri limon suyu, sarımsak, soğan, maydanoz, biberiye ve zeytinyağı ile birlikte vakumlu büyük bir poşete koyun. Sous vide'ı 122 F'de 30 dakika pişirin. Yeşil salata ile servis yapın.

Otlarla marine edilmiş ton balığı biftekleri

Hazırlama + pişirme süresi: 1 saat 25 dakika | Yemekler: 5

Malzemeler:

2 pound ton balığı bifteği, yaklaşık 1 inç kalınlığında

1 çay kaşığı kuru kekik, öğütülmüş

1 çay kaşığı taze fesleğen, ince kıyılmış

¼ fincan kıyılmış frenk soğanı

2 yemek kaşığı taze maydanoz, ince kıyılmış

1 yemek kaşığı taze dereotu, ince kıyılmış

1 çay kaşığı taze limon kabuğu rendesi

½ su bardağı susam

4 yemek kaşığı zeytinyağı

Tatmak için tuz ve karabiber

Talimatlar:

Ton balığı filetolarını akan soğuk su altında durulayın ve mutfak kağıdıyla kurulayın. Bir kenara koy.

Geniş bir kapta kekik, fesleğen, frenk soğanı, maydanoz, dereotu, zeytinyağı, tuz ve karabiberi karıştırın. İyice karışana kadar karıştırın, ardından biftekleri bu turşuya batırın. Sıkıca kapatın ve 30 dakika soğutun.

Biftekleri, marine ile birlikte büyük, vakumlu bir torbaya koyun. Havayı çıkarmak için torbaya basın ve kapağı kapatın. 131 derecede 40 dakika sous vide pişirin.

Biftekleri poşetten çıkarıp mutfak kağıdının üzerine dizin. Hafifçe kurulayın ve otları çıkarın. Bir tavayı yüksek ateşte ısıtın. Biftekleri susam tohumlarına bulayın ve tavaya aktarın. Her iki tarafını da 1 dakika pişirin ve ocaktan alın.

yengeç köftesi

Hazırlama + pişirme süresi: 65 dakika | Yemekler: 4

Malzemeler:

1 kilo parça yengeç eti

1 su bardağı kırmızı soğan, ince kıyılmış

½ su bardağı ince kıyılmış kırmızı biber

2 yemek kaşığı ince öğütülmüş biber

1 yemek kaşığı kereviz yaprağı, ince kıyılmış

1 yemek kaşığı maydanoz yaprağı, ince kıyılmış

½ çay kaşığı tarhun, ince kıyılmış

Tatmak için tuz ve karabiber

4 yemek kaşığı zeytinyağı

2 yemek kaşığı badem unu

3 çırpılmış yumurta

Talimatlar:

2 yemek kaşığı zeytinyağını bir tavada kızdırın ve soğanı ekleyin. Kızarana kadar kızartın ve doğranmış kırmızı biber ve biber ekleyin. Sürekli karıştırarak 5 dakika pişirin.

Büyük bir kaseye aktarın. Yengeç eti, kereviz, maydanoz, tarhun, tuz, karabiber, badem unu ve yumurtaları ekleyin. İyice karıştırın ve karışımı 2 cm çapında köfteler haline getirin. Köfteleri 2 vakumlu poşet arasında nazikçe bölün ve kapatın. Sous vide'de 122 F'de 40 dakika pişirin.

Kalan yağı yapışmaz bir tavada yüksek ateşte ısıtın. Burgerleri benmariden çıkarın ve tavaya aktarın. Her iki tarafını da 3-4 dakika hafifçe kızartıp servis yapın.

biber çayı

Hazırlama + pişirme süresi: 1 saat 15 dakika | Yemekler: 5

Malzemeler:

1 kilo taze koku

½ su bardağı limon suyu

3 diş sarımsak, ezilmiş

1 yemek kaşığı tuz

1 su bardağı sızma zeytinyağı

2 yemek kaşığı taze dereotu, ince kıyılmış

1 yemek kaşığı kişniş, kıyılmış

1 yemek kaşığı biber, kıyılmış

Talimatlar:

Kokuları soğuk akan su altında durulayın ve boşaltın. Bir kenara koy.

Geniş bir kapta zeytinyağını limon suyu, ezilmiş sarımsak, deniz tuzu, kıyılmış dereotu, kıyılmış frenk soğanı ve karabiberle karıştırın. Bu karışıma baharatları ekleyin ve üzerini kapatın. 20 dakika soğutun.

Buzdolabından çıkarın ve marine ile birlikte vakumlu büyük bir torbaya koyun. Sous vide'ı 104 F'de 40 dakika pişirin. Benmariden çıkarın ve sıvıyı ayırarak süzün.

Büyük bir tavayı orta ateşte ısıtın. Aromaları ekleyin ve çevirerek 3-4 dakika kısaca pişirin. Ateşten alın ve servis tabağına aktarın. Marinayı üzerine dökün ve hemen servis yapın.

Marine edilmiş yayın balığı filetosu

Hazırlama + pişirme süresi: 1 saat 20 dakika | Yemekler: 3

Malzemeler:

1 pound yayın balığı filetosu

½ su bardağı limon suyu

½ su bardağı ince kıyılmış maydanoz yaprağı

2 diş sarımsak, ezilmiş

1 su bardağı soğan, ince kıyılmış

1 yemek kaşığı taze dereotu, ince kıyılmış

1 yemek kaşığı taze biberiye yaprağı, ince kıyılmış

2 su bardağı taze sıkılmış elma suyu

2 yemek kaşığı Dijon hardalı

1 su bardağı sızma zeytinyağı

Talimatlar:

Geniş bir kapta limon suyu, maydanoz yaprağı, ezilmiş sarımsak, doğranmış soğan, taze dereotu, biberiye, elma suyu, hardal ve zeytinyağını karıştırın. İyice karışana kadar çırpın. Filetoları bu karışıma batırın ve sıkı bir kapakla kapatın. 30 dakika soğutun.

Buzdolabından çıkarın ve 2 adet vakumlu poşete koyun. Sous vide'ı örtün ve 122 F'de 40 dakika pişirin. Çıkarın ve boşaltın; yedek sıvı Üzerine kendi sıvısı ile servis yapın.

limonlu karides salsa

Hazırlama + pişirme süresi: 35 dakika | Yemekler: 4

Malzemeler:

12 büyük karides, soyulmuş ve temizlenmiş

1 yemek kaşığı tuz

1 yemek kaşığı şeker

3 yemek kaşığı zeytinyağı

1 defne yaprağı

1 dal maydanoz, kıyılmış

2 yemek kaşığı limon kabuğu

1 yemek kaşığı limon suyu

Talimatlar:

Bir benmari yapın, içine Sous Vide koyun ve 156 F'ye ayarlayın. Karides, tuz ve şekeri bir kaseye ekleyin, karıştırın ve 15 dakika bekletin. Karides, defne yaprağı, zeytinyağı ve limon kabuğunu vakumlu poşete koyun. Su yer değiştirme yöntemini kullanarak havayı boşaltın ve kapatın. Banyoya daldırın ve 10 dakika pişirin. Zamanlayıcı durduğunda, çantayı çıkarın ve açın. Karidesleri doldurun ve limon suyuyla kaplayın.

Sous Vide Halibut

Hazırlama + pişirme süresi: 1 saat 20 dakika | Yemekler: 4

Malzemeler:

1 pound pisi balığı filetosu

3 yemek kaşığı zeytinyağı

¼ fincan arpacık, ince kıyılmış

1 çay kaşığı taze limon kabuğu rendesi

½ çay kaşığı kuru kekik, öğütülmüş

1 yemek kaşığı taze maydanoz, ince kıyılmış

1 çay kaşığı taze dereotu, ince kıyılmış

Tatmak için tuz ve karabiber

Talimatlar:

Balıkları akan soğuk su altında yıkayın ve mutfak kağıdıyla kurulayın. İnce dilimler halinde kesin, bolca tuz ve karabiber serpin. Büyük, vakumlu bir poşete koyun ve iki yemek kaşığı zeytinyağı ekleyin. Frenk soğanı, kekik, maydanoz, dereotu, tuz ve karabiberle tatlandırın.

Havayı çıkarmak için torbaya basın ve kapağı kapatın. Tüm filetoları baharatlarla kaplamak için poşeti sallayın ve pişirmeden önce 30 dakika buzdolabında bekletin. Sous vide'ı 131 F'de 40 dakika pişirin.

Torbayı sudan çıkarın ve biraz soğumaya bırakın. Mutfak kağıdına koyun ve süzün. Otları çıkarın.

Kalan yağı büyük bir tavada yüksek ateşte ısıtın. Filetoları ekleyin ve 2 dakika pişirin. Filetoları çevirin ve yaklaşık 35-40 saniye pişirin, ardından ocaktan alın. Balığı tekrar bir kağıt havluya koyun ve fazla yağı alın. Hemen servis yapın.

Limon tereyağlı taban

Hazırlama + pişirme süresi: 45 dakika | Yemekler: 3

Malzemeler:

3 fileto dil balığı
1 ½ yemek kaşığı tuzsuz tereyağı
¼ bardak limon suyu
½ çay kaşığı limon kabuğu rendesi
tatmak için limon biberi
Süslemek için 1 dal maydanoz

Talimatlar:

Bir su banyosu yapın, Sous Vide'ı içine koyun ve 132 F'ye ayarlayın. Tabanı kurutun ve 3 ayrı vakumlu poşete koyun. Su yer değiştirme yöntemini kullanarak havayı boşaltın ve torbaları kapatın. Bir su banyosuna daldırın ve zamanlayıcıyı 30 dakikaya ayarlayın.

Orta ateşte küçük bir tava koyun, tereyağı ekleyin. Eridikten sonra ocaktan alın. Limon suyu ve limon kabuğunu ekleyip karıştırın.

Zamanlayıcı durduğunda, çantayı çıkarın ve açın. Çipura filetoları servis tabaklarına alın, üzerlerine tereyağlı sos gezdirin ve maydanozla süsleyin. Yanında buğulanmış yeşil sebzelerle servis yapın.

fesleğenli morina

Hazırlama + pişirme süresi: 50 dakika | Yemekler: 4

Malzemeler:

1 pound morina filetosu

1 su bardağı kavrulmuş domates

1 yemek kaşığı fesleğen, kurutulmuş

1 su bardağı balık suyu

2 yemek kaşığı domates salçası

3 sap kereviz, ince kıyılmış

1 havuç, dilimlenmiş

¼ su bardağı zeytinyağı

1 soğan, ince kıyılmış

½ su bardağı mantar

Talimatlar:

Yağı büyük bir tavada orta ateşte ısıtın. Kereviz, soğan ve havuç ekleyin. 10 dakika kızartın. Ateşten alın ve diğer malzemelerle birlikte vakumlu bir torbaya aktarın. Sous vide'de 122 F'de 40 dakika pişirin.

basit tilapia

Hazırlama + pişirme süresi: 1 saat 10 dakika | Yemekler: 3

Malzemeler

3 (4 ons) tilapia filetosu

3 yemek kaşığı tereyağı

1 yemek kaşığı elma sirkesi

Tatmak için tuz ve karabiber

Talimatlar:

Bir benmari yapın, içine Sous Vide'ı koyun ve 124 F'ye ayarlayın. Tilapiyi biber ve tuzla baharatlayın ve vakumlu bir torbaya koyun. Su yer değiştirme yöntemini kullanarak havayı boşaltın ve torbayı kapatın. Musluk suyuna daldırın ve zamanlayıcıyı 1 saate ayarlayın.

Zamanlayıcı durduğunda, çantayı çıkarın ve açın. Tavayı orta ateşte koyun ve tereyağı ve sirkeyi ekleyin. Sirke yarı yarıya azalana kadar sürekli karıştırarak pişirin. Tilapiyi ekleyin ve hafifçe kahverengileştirin. Eğer isterseniz, tuz ve biber katın. Tereyağlı sebzelerin yanında servis yapın.

kuşkonmazlı somon

Hazırlama + pişirme süresi: 3 saat 15 dakika | Yemekler: 6

Malzemeler:

1 kg yabani somon fileto

1 yemek kaşığı zeytinyağı

1 yemek kaşığı kurutulmuş kekik

12 orta boy kuşkonmaz

4 halka beyaz soğan

1 yemek kaşığı taze maydanoz

Tatmak için tuz ve karabiber

Talimatlar:

Filetoyu her iki taraftan da kekik, tuz ve karabiberle tatlandırın ve hafifçe zeytinyağı ile kaplayın.

Diğer malzemelerle birlikte büyük, kapalı bir vakuma yerleştirin. Tüm baharatları bir kapta karıştırın. Karışımı bifteğin her iki tarafına eşit şekilde sürün ve büyük bir vakumlu poşete koyun. Torbayı kapatın ve 136 F'de 3 saat boyunca sous vide pişirin.

uskumru köri

Hazırlama + pişirme süresi: 55 dakika | Yemekler: 3

Malzemeler:

3 adet başsız uskumru filetosu

3 yemek kaşığı köri ezmesi

1 yemek kaşığı zeytinyağı

Tatmak için tuz ve karabiber

Talimatlar:

Bir benmari yapın, içine Sous Vide koyun ve 120 F'ye ayarlayın. Uskumruyu biber ve tuzla tatlandırın ve vakumlu bir torbaya koyun. Su yer değiştirme yöntemini kullanarak havayı boşaltın, kapatın ve bir su banyosuna daldırın ve zamanlayıcıyı 40 dakikaya ayarlayın.

Zamanlayıcı durduğunda, çantayı çıkarın ve açın. Tavayı orta ateşe koyun, zeytinyağı ekleyin. Uskumruyu köri ile kaplayın (uskumruyu kurutmayın)

Isıtıldığında uskumruyu ekleyin ve kızarana kadar kızartın. Yanında buğulanmış yeşil yapraklı sebzelerle servis yapın.

kalamar biberiye

Hazırlama + pişirme süresi: 1 saat 15 dakika | Yemekler: 3

Malzemeler:

1 kg taze kalamar, bütün

½ su bardağı sızma zeytinyağı

1 yemek kaşığı pembe Himalaya tuzu

1 yemek kaşığı kuru biberiye

3 diş sarımsak, ezilmiş

3 çeri domates, ikiye bölünmüş

Talimatlar:

Her kalamar akan su altında iyice yıkayın. Her kalamarın kafalarını keskin bir bıçakla çıkarın ve temizleyin.

Geniş bir kapta zeytinyağını tuz, kuru biberiye, çeri domates ve ezilmiş sarımsakla karıştırın. Kalamarı bu karışıma batırın ve buzdolabında 1 saat bekletin. Ardından çıkarın ve boşaltın. Kalamar ve çeri domatesleri büyük, vakumlu bir torbaya koyun. Sous vide'de 136 F'de bir saat pişirin.

Kızarmış limonlu karides

Hazırlama + pişirme süresi: 50 dakika | Yemekler: 3

Malzemeler:

1 kiloluk karides, soyulmuş ve kabuğu çıkarılmış

3 yemek kaşığı zeytinyağı

½ su bardağı taze sıkılmış limon suyu

1 diş sarımsak, ezilmiş

1 çay kaşığı taze ezilmiş biberiye

1 çay kaşığı deniz tuzu

Talimatlar:

Zeytinyağını limon suyu, ezilmiş sarımsak, biberiye ve tuzla karıştırın. Bir mutfak fırçası kullanarak, her karidesi karışımla kaplayın ve büyük, vakumlu bir torbaya koyun. Sous vide'de 104 F'de 40 dakika pişirin.

ızgara ahtapot

Hazırlama + pişirme süresi: 5 saat 20 dakika | Yemekler: 3

Malzemeler:

½ kg orta boy ahtapot dokunaçları, beyazlatılmış

Tatmak için tuz ve karabiber

3 yemek kaşığı + 3 yemek kaşığı zeytinyağı

2 yemek kaşığı kurutulmuş kekik

2 dal taze maydanoz, kıyılmış

Buz banyosu için buz

Talimatlar:

Bir çift kazan yapın, içine Sous Vide koyun ve 171F'ye ayarlayın.

Ahtapotu, tuzu, 3 yemek kaşığı zeytinyağını ve biberi vakumlu poşete koyun. Su yer değiştirme yöntemini kullanarak havayı boşaltın, torbayı kapatın ve bir su banyosuna daldırın. Zamanlayıcıyı 5 saate ayarlayın.

Zamanlayıcı durduğunda, torbayı çıkarın ve bir buz banyosuyla örtün. Bir kenara koy. Izgarayı önceden ısıtın.

Izgara kızdığında ahtapotu bir tabağa alın, üzerine 3 yemek kaşığı zeytinyağı ekleyin ve masaj yapın. Ahtapotu her iki tarafı iyice kızarana kadar ızgara yapın. Ahtapotu düzenleyin ve maydanoz ve kekik ile süsleyin. Tatlı ve baharatlı sos ile servis yapın.

yabani somon bifteği

Hazırlama + pişirme süresi: 1 saat 25 dakika | Yemekler: 4

Malzemeler:

2 kg yabani somon bifteği

3 diş sarımsak, ezilmiş

1 yemek kaşığı taze biberiye, ince kıyılmış

1 yemek kaşığı taze sıkılmış limon suyu

1 yemek kaşığı taze sıkılmış portakal suyu

1 çay kaşığı portakal kabuğu

1 çay kaşığı pembe Himalaya tuzu

1 su bardağı balık suyu

Talimatlar:

Portakal suyunu limon suyu, biberiye, sarımsak, portakal kabuğu ve tuz ile karıştırın. Her bifteği karışımla kaplayın ve 20 dakika buzdolabında saklayın. Büyük, vakumlu bir torbaya aktarın ve balık suyunu ekleyin. Torbayı kapatın ve 131 F'de 50 dakika sous vide pişirin.

Büyük bir yapışmaz tavayı önceden ısıtın. Biftekleri vakumlu poşetten çıkarın ve hafifçe kızarana kadar her iki tarafını 3 dakika ızgara yapın.

tilapia yahnisi

Hazırlama + pişirme süresi: 65 dakika | Yemekler: 3

Malzemeler:

1 kg tilapia filetosu

½ su bardağı soğan, ince kıyılmış

1 su bardağı havuç, ince kıyılmış

½ su bardağı kişniş yaprağı, ince kıyılmış

3 diş sarımsak, ince kıyılmış

1 su bardağı ince kıyılmış yeşil biber

1 çay kaşığı İtalyan baharat karışımı

1 çay kaşığı acı biber

½ çay kaşığı biber

1 su bardağı taze domates suyu

Tatmak için tuz ve karabiber

3 yemek kaşığı zeytinyağı

Talimatlar:

Yağı orta ateşte ısıtın. Doğranmış soğanı ekleyin ve yarı saydam olana kadar kızartın.

Şimdi kırmızı biber, havuç, sarımsak, kişniş, İtalyan baharat karışımı, kırmızı biber, karabiber, tuz ve karabiberi ekleyin. İyice karıştırın ve on dakika daha pişirin.

Ateşten alın ve domates suyu ve tilapia filetosu ile birlikte vakumla kapatılmış büyük bir torbaya aktarın. Sous vide'ı 122 F'de 50 dakika pişirin. Benmariden çıkarın ve servis yapın.

Tereyağlı biberli tavuk

Hazırlama + pişirme süresi: 1 saat 30 dakika | Yemekler: 2

Malzemeler:

4 ons konserve istiridye

¼ fincan sek beyaz şarap

1 kereviz sapı, doğranmış

1 küp mandioquinha

1 dörde arpacık

1 defne yaprağı

1 yemek kaşığı karabiber

1 yemek kaşığı zeytinyağı

8 yemek kaşığı oda sıcaklığında tereyağ

1 yemek kaşığı kıyılmış taze maydanoz

2 diş sarımsak, doğranmış

tatmak için tuz

1 çay kaşığı taze çekilmiş karabiber

¼ bardak panko kırıntısı

1 baget, dilimlenmiş

Talimatlar:

Bir benmari hazırlayın ve içine Sous Vide koyun. 154 F'ye ayarlayın. İstiridye, arpacık soğanı, kereviz, yaban havucu, şarap, biber, zeytinyağı ve defne yaprağını yeniden kapatılabilir bir torbaya koyun. Su yer değiştirme yöntemini kullanarak havayı boşaltın, torbayı kapatın ve bir su banyosuna daldırın. 60 dakika pişirin.

Bir karıştırıcı kullanarak tereyağı, maydanoz, tuz, sarımsak ve karabiber dökün. Kombine olana kadar orta hızda karıştırın. Karışımı plastik bir torbaya koyun ve yuvarlayın. Buzdolabına alıp soğumaya bırakın.

Zamanlayıcı durduğunda salyangozları ve sebzeleri çıkarın. Pişirme sıvılarını atın. Bir tavayı yüksek ateşte ısıtın. Kabukları tereyağı ile fırçalayın, galeta unu serpin ve erimesi için 3 dakika pişirin. Sıcak baget dilimleri ile servis yapın.

kişniş alabalığı

Hazırlama + pişirme süresi: 60 dakika | Yemekler: 4

Malzemeler:

2 pound alabalık, 4 adet

5 diş sarımsak

1 yemek kaşığı deniz tuzu

4 yemek kaşığı zeytinyağı

1 su bardağı kişniş yaprağı, ince kıyılmış

2 yemek kaşığı ince kıyılmış biberiye

¼ su bardağı taze sıkılmış limon suyu

Talimatlar:

Balıkları güzelce temizleyip yıkayın. Mutfak kağıdı ile kurulayın ve üzerine tuz serpin. Sarımsağı zeytinyağı, kişniş, biberiye ve limon suyuyla karıştırın. Her balığı bu karışımla doldurun. Ayrı bir vakumlu poşete koyun ve ağzını kapatın. Sous vide'ı 131 F'de 45 dakika pişirin.

kalamar halkaları

Hazırlama + pişirme süresi: 1 saat 25 dakika | Yemekler: 3

Malzemeler:

2 su bardağı kalamar halkası
1 yemek kaşığı taze biberiye
Tatmak için tuz ve karabiber
½ su bardağı zeytinyağı

Talimatlar:

Büyük, temiz bir plastik poşette kalamar halkalarını biberiye, tuz, karabiber ve yağ ile karıştırın. Torbayı kapatın ve iyice örtmek için birkaç kez sallayın. Büyük, vakumlu bir torbaya aktarın ve kapatın. Sous vide'ı 131 F'de 1 saat 10 dakika pişirin. Benmariden çıkarın ve servis yapın.

Karides ve avokado salatası

Hazırlama + pişirme süresi: 45 dakika | Yemekler: 4

Malzemeler:

1 doğranmış kırmızı soğan

2 limon suyu

1 yemek kaşığı zeytinyağı

¼ çay kaşığı deniz tuzu

⅛ çay kaşığı beyaz biber

1 kiloluk çiğ karides, soyulmuş ve kabuğu çıkarılmış

1 adet doğranmış domates

1 adet doğranmış avokado

1 yeşil biber, çekirdekleri çıkarılmış ve dilimlenmiş

1 yemek kaşığı doğranmış kişniş

Talimatlar:

Bir benmari hazırlayın ve içine Sous Vide koyun. 148F'ye ayarlayın.

Limon suyu, kırmızı soğan, deniz tuzu, beyaz biber, zeytinyağı ve karidesleri vakumlu poşete koyun. Su yer değiştirme yöntemini kullanarak havayı boşaltın, torbayı kapatın ve bir su banyosuna daldırın. 24 dakika pişirin.

Zamanlayıcı durduğunda, torbayı çıkarın ve 10 dakika buzlu su banyosuna aktarın. Bir kasede domates, avokado, yeşil biber ve kişnişi karıştırın. Torbanın içindekileri üstüne dökün.

Narenciye safran soslu tereyağlı çipura

Hazırlama + pişirme süresi: 55 dakika | Yemekler: 4

Malzemeler

4 adet saf sucuk

2 yemek kaşığı tereyağı

Tatmak için tuz ve karabiber

Narenciye sosu için

1 limon

1 greyfurt

1 limon

3 portakal

1 çay kaşığı Dijon hardalı

2 yemek kaşığı kolza yağı

1 sarı soğan

1 adet doğranmış kabak

1 çay kaşığı safran ipliği

1 çay kaşığı doğranmış biber

1 yemek kaşığı şeker

3 su bardağı balık suyu

3 yemek kaşığı kıyılmış kişniş

talimatlar

Bir benmari hazırlayın ve içine Sous Vide koyun. 132 F'ye ayarlayın. Bonfile filetolarını tuz ve karabiberle tatlandırın ve vakumlu bir torbaya koyun. Su yer değiştirme yöntemini kullanarak havayı boşaltın, torbayı kapatın ve bir su banyosuna daldırın. 30 dakika pişirin.

Meyveyi soyun ve küpler halinde kesin. Yağı orta ateşte bir tavada ısıtın ve soğan ve kabağı ekleyin. 2-3 dakika kızartın. Çilek, safran, biber, hardal ve şekeri ekleyin. 1 dakika daha pişirin. Balık suyunu ilave edip 10 dakika pişirin. Kişniş ile süsleyin ve bir kenara koyun. Zamanlayıcı durduğunda balığı çıkarın ve bir tabağa koyun. Safran-narenciye sosu üzerine dökün ve servis yapın.

Susam kabuğu ile morina filetosu

Hazırlama + pişirme süresi: 45 dakika | Yemekler: 2

Malzemeler

1 büyük morina filetosu

2 yemek kaşığı susam ezmesi

1 ½ yemek kaşığı esmer şeker

2 yemek kaşığı balık sosu

2 yemek kaşığı tereyağı

Susam tohumu

talimatlar

Bir benmari hazırlayın ve içine Sous Vide koyun. 131F'ye ayarlayın.

Morina balığını kahverengi şeker, susam ezmesi ve balık sosu karışımına batırın. Vakumlu bir torbaya koyun. Su yer değiştirme yöntemini kullanarak havayı boşaltın, torbayı kapatın ve bir su banyosuna daldırın. 30 dakika pişirin. Orta ateşte bir tavada tereyağını eritin.

Zamanlayıcı durduğunda morina çıkarın ve tavaya aktarın ve 1 dakika boyunca örtün. Bir tabakta servis yapın. Pişirme suyunu tavaya dökün ve suyunu çekene kadar pişirin. 1 yemek kaşığı tereyağı ekleyin ve karıştırın. Sosu morina balığının üzerine dökün ve susamla süsleyin. Pirinçle servis yapın.

Ispanak ve hardal soslu kremalı somon

Hazırlama + pişirme süresi: 55 dakika | Yemekler: 2

BenMalzemeler

4 derisiz somon filetosu

1 büyük demet ıspanak

½ su bardağı Dijon hardalı

1 su bardağı süt kreması

1 su bardağı yarım buçuk krema

1 yemek kaşığı limon suyu

Tatmak için tuz ve karabiber

talimatlar

Bir benmari hazırlayın ve içine Sous Vide koyun. 115 F'ye ayarlayın. Terbiyeli somon tuzu ile vakumlu bir torbaya koyun. Su yer değiştirme yöntemini kullanarak havayı boşaltın, torbayı kapatın ve bir su banyosuna daldırın. 45 dakika pişirin.

Bir tavayı orta ateşte ısıtın ve ıspanakları yumuşayana kadar pişirin. Ateşi kısın ve limon suyunu, karabiberi ve tuzu ekleyin.

Pişirmeye devam edin. Orta ateşte bir tavayı ısıtın ve yarım ve yarım krema ve Dijon hardalı karıştırın. Isıyı düşürün ve kaynatın. Tuz ve karabiber serpin. Zamanlayıcı durduğunda somonu çıkarın ve bir tabağa koyun. Sosun üzerine dökün. Ispanakla servis yapın.

Taze salata ile biberli deniz tarağı

Hazırlama + pişirme süresi: 55 dakika | Yemekler: 4

Malzemeler

1 kiloluk deniz tarağı

1 çay kaşığı sarımsak tozu

½ çay kaşığı soğan tozu

½ çay kaşığı kırmızı biber

¼ çay kaşığı acı biber

Tatmak için tuz ve karabiber

salata

3 su bardağı mısır taneleri

½ litre çeri domates, ikiye bölünmüş

1 adet doğranmış kırmızı biber

2 yemek kaşığı kıyılmış taze maydanoz

Onu giy

1 yemek kaşığı taze fesleğen

1 çeyrek limon

talimatlar

Bir benmari hazırlayın ve içine Sous Vide koyun. 122F'ye ayarlayın.

Deniz taraklarını vakumlu bir torbaya koyun. Tuz ve karabiber serpin. Bir kapta sarımsak tozu, kırmızı biber, soğan tozu ve acı biberi karıştırın. İçine dökmek. Su yer değiştirme yöntemini kullanarak havayı boşaltın, torbayı kapatın ve bir su banyosuna daldırın. 30 dakika pişirin.

Bu arada, fırını 400 F'ye ısıtın. Mısır tanelerini ve kırmızı biberi fırın tepsisine yerleştirin. Zeytinyağı gezdirin ve tuz ve karabiberle tatlandırın. 5-10 dakika pişirin. Bir kaseye aktarın ve maydanozla karıştırın. Sosu için olan malzemeleri bir kapta güzelce karıştırıp mısır tanelerinin üzerine dökün.

Zamanlayıcı durduğunda, torbayı çıkarın ve sıcak tavaya aktarın. Her iki tarafta 2 dakika kapatın. Bir tabak, deniz tarağı ve salata üzerinde servis yapın. Fesleğen ve limon dilimleri ile süsleyin.

Mango ile baharatlı deniz tarağı

Hazırlama + pişirme süresi: 50 dakika | Yemekler: 4

Malzemeler

1 pound büyük tarak

1 yemek kaşığı tereyağı

Sos

1 yemek kaşığı limon suyu

2 yemek kaşığı zeytinyağı

garnitür

1 yemek kaşığı limon kabuğu rendesi

1 yemek kaşığı portakal kabuğu

1 su bardağı doğranmış mango

1 serrano biber, ince dilimlenmiş

2 yemek kaşığı kıyılmış nane yaprağı

talimatlar

Deniz taraklarını vakumlu bir torbaya koyun. Tuz ve karabiber serpin. Bir gece buzdolabında soğumaya bırakın. Bir benmari hazırlayın ve içine Sous Vide koyun. 122 F'ye ayarlayın. Su yer değiştirme yöntemini kullanarak havayı boşaltın, torbayı kapatın ve bir su banyosuna daldırın. 15-35 dakika pişirin.

Bir tavayı orta ateşte ısıtın. Sos malzemelerini bir kapta güzelce karıştırın. Zamanlayıcı durduğunda, tarakları çıkarın ve tavaya aktarın ve kızarana kadar kızartın. Bir tabakta servis yapın. Üzerine sosu gezdirin ve garnitür malzemelerini ekleyin.

Hardal şarabı ile pırasa ve karides

Hazırlama + pişirme süresi: 1 saat 20 dakika | Yemekler: 4

BenMalzemeler

6 Teğmen

5 yemek kaşığı zeytinyağı

Tatmak için tuz ve karabiber

1 arpacık soğan, kıyılmış

1 yemek kaşığı pirinç sirkesi

1 çay kaşığı Dijon hardalı

1/3 pound pişmiş kahverengi karides

kıyılmış taze maydanoz

talimatlar

Bir benmari hazırlayın ve içine Sous Vide koyun. 183F'ye ayarlayın.

Pırasanın üst kısmını kesin ve alt kısımlarını çıkarın. Onları soğuk suda yıkayın ve 1 yemek kaşığı zeytinyağı ile gezdirin. Tuz ve karabiber serpin. Vakumlu bir torbaya koyun. Su yer değiştirme yöntemini kullanarak havayı boşaltın, torbayı kapatın ve bir su banyosuna daldırın. 1 saat pişirin.

Bu arada salata sosu için arpacık soğanı, Dijon hardalı, sirke ve 1/4 su bardağı zeytinyağını bir kasede birleştirin. Tuz ve karabiber serpin. Zamanlayıcı durduğunda, torbayı çıkarın ve buzlu su banyosuna aktarın. Soğumaya bırakın. Pırasaları 4 tabağa koyun ve üzerine tuz serpin. Karidesleri ekleyin ve salata sosuyla gezdirin. Maydanozla süsleyin.

Hindistan cevizi ile karides çorbası

Hazırlama + pişirme süresi: 55 dakika | Yemekler: 6

Malzemeler

8 büyük çiğ karides, soyulmuş ve kabuğu çıkarılmış

1 yemek kaşığı tereyağı

Tatmak için tuz ve karabiber

<u>çorba için</u>

1 kilo kabak

4 yemek kaşığı limon suyu

2 sarı soğan, doğranmış

1-2 küçük kırmızı biber, ince doğranmış

1 sap limon otu, sadece beyaz kısmı, doğranmış

1 yemek kaşığı karides ezmesi

1 yemek kaşığı şeker

1½ bardak hindistan cevizi sütü

1 çay kaşığı demirhindi ezmesi

1 bardak su

½ su bardağı hindistan cevizi kreması

1 yemek kaşığı balık sosu

2 yemek kaşığı taze kıyılmış fesleğen

talimatlar

Bir benmari hazırlayın ve içine Sous Vide koyun. 142 F'ye ayarlayın. Karides ve tereyağını vakumlu kapatılabilir bir torbaya koyun. Tuz ve karabiber serpin. Su yer değiştirme yöntemini kullanarak havayı boşaltın, torbayı kapatın ve bir su banyosuna daldırın. 15-35 dakika pişirin.

Bu sırada kabakları soyun ve çekirdeklerini çıkarın. Küpler halinde doğrayın. Bir mutfak robotuna soğan, limon otu, biber, karides ezmesi, şeker ve 1/2 su bardağı hindistan cevizi sütü ekleyin. Püre olana kadar karıştırın.

Bir tencereyi kısık ateşte ısıtın ve soğan karışımını, kalan hindistancevizi sütünü, demirhindi ezmesini ve suyu ilave edin. Kabağı ekleyin ve 10 dakika pişirin.

Zamanlayıcı durduğunda, karidesleri çıkarın ve et suyuna koyun. Hindistan cevizi kreması, limon suyu ve fesleğeni birlikte çırpın. Çorba kaselerinde servis yapın.

Soba eriştesi ile ballı somon

Hazırlama + pişirme süresi: 40 dakika | Yemekler: 4

Malzemeler

<u>Somon</u>

6 ons derili somon filetosu

Tatmak için tuz ve karabiber

1 çay kaşığı susam yağı

1 su bardağı zeytinyağı

1 yemek kaşığı taze rendelenmiş zencefil

2 kaşık bal

<u>susam odası</u>

4 ons kuru soba eriştesi

1 yemek kaşığı üzüm çekirdeği yağı

2 diş sarımsak, doğranmış

½ karnabahar başı

3 yemek kaşığı tahin

1 çay kaşığı susam yağı

2 yemek kaşığı zeytinyağı

¼ sıkılmış limon

1 dilimlenmiş yeşil soğan sapı

¼ bardak kişniş, kabaca doğranmış

1 çay kaşığı kavrulmuş haşhaş tohumu

Süslemek için lime dilimleri

Süslemek için susam

2 yemek kaşığı kıyılmış kişniş

talimatlar

Bir benmari hazırlayın ve içine Sous Vide koyun. 123 F'ye ayarlayın. Somonu tuz ve karabiberle tatlandırın. Susam yağı, zeytinyağı, zencefil ve balı bir kapta karıştırın. Somonu ve karışımı vakumlu bir torbaya koyun. İyi dengeleyin. Su yer değiştirme yöntemini kullanarak havayı boşaltın, torbayı kapatın ve bir su banyosuna daldırın. 20 dakika pişirin.

Bu sırada soba erişlelerini hazırlayın. Üzüm çekirdeği yağını bir tavada yüksek ateşte kızdırıp karnabahar ve sarımsağı 6-8 dakika kavurun. Tahin, zeytinyağı, susam yağı, limon suyu, kişniş, frenk soğanı ve kavrulmuş susamı bir kasede iyice karıştırın. Makarnayı süzün ve karnabahara ekleyin.

Bir tavayı yüksek ateşte ısıtın. Bir parşömen kağıdı ile örtün. Zamanlayıcı durduğunda somonu çıkarın ve tavaya aktarın. 1 dakika ızgara yapın. Makarnayı iki kasede servis edin ve somonu ekleyin. Limon dilimleri, haşhaş tohumu ve kişniş ile süsleyin.

Mayonezli gurme ıstakoz

Hazırlama + pişirme süresi: 40 dakika | Yemekler: 2

Malzemeler

2 ıstakoz kuyruğu

1 yemek kaşığı tereyağı

2 tatlı soğan, doğranmış

3 yemek kaşığı mayonez

tatmak için tuz

bir tutam karabiber

2 yemek kaşığı limon suyu

talimatlar

Bir benmari hazırlayın ve içine Sous Vide koyun. 138F'ye ayarlayın.

Suyu bir tencerede kaynayana kadar yüksek ateşte ısıtın. Istakoz kuyruklarının kabuklarını açın ve suya batırın. 90 saniye pişirin. Buzlu su banyosuna aktarın. 5 dakika soğumaya bırakın. Kabukları kırarak açın ve kuyrukları çıkarın.

Tereyağlı şalgamları vakumlu bir torbaya koyun. Su yer değiştirme yöntemini kullanarak havayı boşaltın, torbayı kapatın ve bir su banyosuna daldırın. 25 dakika pişirin.

Zamanlayıcı durduğunda kuyrukları çıkarın ve kurutun. Yan koltuk. 30 dakika soğumaya bırakın. Bir kasede mayonez, tatlı soğan, biber ve limon suyunu karıştırın. Şalgamları doğrayın, mayonezli karışıma ekleyin ve iyice karıştırın. Kızarmış ekmek ile servis yapın.

karides kokteyl partisi

Hazırlama + pişirme süresi: 40 dakika | Yemekler: 2

Malzemeler

1 kiloluk karides, soyulmuş ve kabuğu çıkarılmış

Tatmak için tuz ve karabiber

4 yemek kaşığı kıyılmış taze dereotu

1 yemek kaşığı tereyağı

4 yemek kaşığı mayonez

2 yemek kaşığı yeşil soğan, doğranmış

2 çay kaşığı taze sıkılmış limon suyu

2 yemek kaşığı domates püresi

1 yemek kaşığı tabasko sosu

4 dikdörtgen ekmek ruloları

8 marul yaprağı

½ dilim limon

talimatlar

Bir benmari hazırlayın ve içine Sous Vide koyun. 149 F'ye ayarlayın. Baharat için mayonez, frenk soğanı, limon suyu, salça ve Tabasco sosu karıştırın. Tuz ve karabiber serpin.

Karidesleri ve baharatları vakumlu bir torbaya koyun. Her pakete 1 yemek kaşığı dereotu ve 1/2 yemek kaşığı tereyağı ekleyin. Su yer değiştirme yöntemini kullanarak havayı boşaltın, torbayı kapatın ve bir su banyosuna daldırın. 15 dakika pişirin.

Fırını 400 F'ye önceden ısıtın ve ruloları 15 dakika pişirin. Zamanlayıcı durduğunda, torbayı çıkarın ve boşaltın. Karidesleri sosla birlikte bir kaseye koyun ve iyice karıştırın. Limonlu salata rulolarının üzerine servis yapın.

Otlu Limonlu Somon

Hazırlama + pişirme süresi: 45 dakika | Yemekler: 2

Malzemeler

2 derisiz somon fileto

Tatmak için tuz ve karabiber

¾ su bardağı sızma zeytinyağı

1 arpacık soğan, ince halkalar halinde kesilmiş

1 yemek kaşığı fesleğen yaprağı, ince kıyılmış

1 çay kaşığı yenibahar

3 ons karışık yeşillik

1 limon

talimatlar

Bir benmari hazırlayın ve içine Sous Vide koyun. 128F'ye ayarlayın.

Somonu vakumlu bir torbaya koyun ve tuz ve karabiber ekleyin. Soğan halkası, zeytinyağı, yenibahar ve fesleğeni ekleyin. Su yer değiştirme yöntemini kullanarak havayı boşaltın, torbayı kapatın ve bir su banyosuna daldırın. 25 dakika pişirin.

Zamanlayıcı durduğunda poşeti çıkarın ve somonu bir tabağa aktarın. Pişirme suyunu biraz limon suyuyla karıştırın ve üstüne somon filetoları yerleştirin. Sert.

Tuzlu Tereyağlı Istakoz Kuyrukları

Hazırlama + pişirme süresi: 1 saat 10 dakika | Yemekler: 2

Malzemeler

8 yemek kaşığı tereyağı

2 ıstakoz kuyruğu, kabukları çıkarılmış

2 dal taze tarhun

2 yemek kaşığı adaçayı

tatmak için tuz

limon dilimleri

talimatlar

Bir benmari hazırlayın ve içine Sous Vide koyun. 134F'ye ayarlayın.

Istakoz kuyruklarını, tereyağını, tuzu, adaçayı ve tarhunu vakumlu bir torbaya koyun. Su yer değiştirme yöntemini kullanarak havayı boşaltın, torbayı kapatın ve bir su banyosuna daldırın. 60 dakika pişirin.

Zamanlayıcı durduğunda poşeti çıkarın ve ıstakozu bir tabağa aktarın. Üzerine tereyağı serpin. Limon dilimleri ile süsleyin.

Karnabahar ve yumurtalı erişte ile Tayland somonu

Hazırlama + pişirme süresi: 55 dakika | Yemekler: 2

Malzemeler

2 somon filetosu derisi ile

Tatmak için tuz ve karabiber

1 yemek kaşığı zeytinyağı

4½ yemek kaşığı soya sosu

2 yemek kaşığı öğütülmüş taze zencefil

2 ince dilimlenmiş Tay biberi

6 yemek kaşığı susam yağı

4 ons hazırlanmış yumurtalı erişte

6 ons pişmiş karnabahar çiçeği

5 çay kaşığı susam

talimatlar

Bir benmari hazırlayın ve içine Sous Vide koyun. 149 F'ye ayarlayın. Folyo kaplı bir fırın tepsisi hazırlayın ve somonu yerleştirin, tuz ve karabiber ekleyin ve başka bir folyo tabakasıyla örtün. 30 dakika fırında pişirin.

Pişen somonu vakumlu poşete alın. Su yer değiştirme yöntemini kullanarak havayı boşaltın, torbayı kapatın ve bir su banyosuna daldırın. 8 dakika pişirin.

Zencefil, kırmızı biber, 4 yemek kaşığı soya sosu ve 4 yemek kaşığı susam yağını bir kapta karıştırın. Zamanlayıcı durduğunda poşeti çıkarın ve somonu erişelerin olduğu kaseye aktarın. Kızarmış tohumlar ve somon derisi ile süsleyin. Zencefil-biber sosu serpin ve servis yapın.

Dereotlu hafif levrek

Hazırlama + pişirme süresi: 35 dakika | Yemekler: 3

Malzemeler

1 pound derisiz Şili levreği

1 yemek kaşığı zeytinyağı

Tatmak için tuz ve karabiber

1 yemek kaşığı dereotu

talimatlar

Bir benmari hazırlayın ve içine Sous Vide koyun. 134 F'ye ayarlayın. Levrekleri tuz ve karabiberle tatlandırın ve vakumlu bir poşete koyun. Dereotu ve zeytinyağı ekleyin. Su yer değiştirme yöntemini kullanarak havayı boşaltın, torbayı kapatın ve bir su banyosuna daldırın. 30 dakika pişirin. Süre durduğunda poşeti çıkarın ve levreği bir tabağa alın.

Tatlı biber ve karidesli Frittata

Hazırlama + pişirme süresi: 40 dakika | Yemekler: 6

Malzemeler

1½ kilo karides

3 adet kuru kırmızı biber

1 yemek kaşığı rendelenmiş zencefil

6 diş sarımsak, kıyılmış

2 yemek kaşığı şampanya

1 yemek kaşığı soya sosu

2 yemek kaşığı şeker

½ çay kaşığı mısır nişastası

3 yeşil soğan, doğranmış

talimatlar

Bir benmari hazırlayın ve içine Sous Vide koyun. 135F'ye ayarlayın.

Zencefil, diş sarımsak, kırmızı biber, şampanya, şeker, soya sosu ve mısır nişastasını karıştırın. Soyulmuş karidesleri karışımla birlikte vakumlu bir torbaya koyun. Su yer değiştirme yöntemini kullanarak havayı boşaltın, kapatın ve bir su banyosuna daldırın. 30 dakika pişirin.

Yeşil soğanları orta ateşte bir tavaya koyun. Yağ ekleyin ve 20 saniye pişirin. Zamanlayıcı durduğunda, pişmiş karidesleri çıkarın ve bir kaseye koyun. Soğanla süsleyin. Pirinçle servis yapın.

Meyveli Tay Karides

Hazırlama + pişirme süresi: 25 dakika | Yemekler: 4

Malzemeler

2 pound karides, soyulmuş ve kabuğu çıkarılmış

4 adet soyulmuş ve doğranmış papaya

2 arpacık, dilimlenmiş

¾ su bardağı çeri domates, ikiye bölünmüş

2 yemek kaşığı kıyılmış fesleğen

¼ su bardağı kavrulmuş kuru fıstık

Tay sosu

¼ bardak limon suyu

6 kaşık şeker

5 yemek kaşığı balık sosu

4 diş sarımsak

4 küçük kırmızı biber

talimatlar

Bir benmari hazırlayın ve içine Sous Vide koyun. 135 F'ye ayarlayın. Karidesleri vakumlu kapatılabilir bir torbaya koyun. Su yer değiştirme yöntemini kullanarak havayı boşaltın, torbayı kapatın ve bir su banyosuna daldırın. 15 dakika pişirin. Bir kasede limon suyu, balık sosu ve şekeri iyice karıştırın. Sarımsak ve kırmızı biberi ezin. Baharat karışımına ekleyin.

Zamanlayıcı durduğunda, karidesleri torbadan çıkarın ve bir kaseye koyun. Papaya, Tay fesleğeni, taze soğan, domates ve yer fıstığını ekleyin. Sosu bardaklara alalım.

Limonlu karidesli Dublin yemeği

Hazırlama + pişirme süresi: 1 saat 15 dakika | Yemekler: 4

Malzemeler

4 yemek kaşığı tereyağı

2 yemek kaşığı limon suyu

2 diş taze sarımsak, doğranmış

1 çay kaşığı taze limon kabuğu rendesi

Tatmak için tuz ve karabiber

1 pound jumbo karides, soyulmuş ve kabuğu çıkarılmış

½ su bardağı panko unu

1 yemek kaşığı taze maydanoz, kıyılmış

talimatlar

Bir benmari hazırlayın ve içine Sous Vide koyun. 135F'ye ayarlayın.

Orta ateşte bir tavada 3 yemek kaşığı tereyağını ısıtın ve limon suyu, tuz, karabiber, sarımsak ve kabuğu rendesini ekleyin. 5 dakika soğumaya bırakın. Karides ve karışımı vakumlu bir torbaya koyun. Su yer değiştirme yöntemini kullanarak havayı boşaltın, torbayı kapatın ve bir su banyosuna daldırın. 30 dakika pişirin.

Bu sırada orta boy bir tavada tereyağını kızdırıp panko ununu kavurun. Zamanlayıcı durduğunda, karidesleri çıkarın ve yüksek ateşte sıcak bir tavaya aktarın ve pişirme suyuyla birlikte pişirin. 4 çorba kasesine servis yapın ve ekmek kırıntıları serpin.

Biber ve sarımsak soslu sulu tarak

Hazırlama + pişirme süresi: 75 dakika | Yemekler: 2

Malzemeler

2 yemek kaşığı sarı köri

1 yemek kaşığı domates salçası

½ su bardağı hindistan cevizi kreması

1 çay kaşığı sarımsak sosu

1 yemek kaşığı limon suyu

6 deniz tarağı

Servis için pişmiş kahverengi pirinç

doğranmış taze kişniş

talimatlar

Bir benmari hazırlayın ve içine Sous Vide koyun. 134F'ye ayarlayın.

Hindistan cevizi kreması, domates salçası, köri tozu, limon suyu ve acı sarımsak sosu karıştırın. Karışımı taraklarla birlikte vakumlu bir torbaya koyun. Su yer değiştirme yöntemini kullanarak havayı boşaltın, torbayı kapatın ve bir su banyosuna daldırın. 60 dakika pişirin.

Zamanlayıcı durduğunda poşeti çıkarın ve bir tabağa aktarın. Kahverengi pirincin üzerine servis yapın ve üstünü tarakla süsleyin. Kişniş ile süsleyin.

Erişte ile karides köri

Hazırlama + pişirme süresi: 25 dakika | Yemekler: 2

Malzemeler

1 pound karides, kuyruklu

8 ons erişte erişte, pişmiş ve süzülmüş

1 çay kaşığı pirinç şarabı

1 yemek kaşığı toz köri

1 yemek kaşığı soya sosu

1 yeşil soğan, dilimlenmiş

2 yemek kaşığı bitkisel yağ

talimatlar

Bir benmari hazırlayın ve içine Sous Vide koyun. 149 F'ye ayarlayın. Karidesleri vakumlu kapatılabilir bir torbaya koyun. Su yer değiştirme yöntemini kullanarak havayı boşaltın, torbayı kapatın ve bir su banyosuna daldırın. 15 dakika pişirin.

Yağı bir tavada orta ateşte ısıtın ve pirinç şarabı, köri ve soya sosu ekleyin. İyice karıştırın ve makarna ekleyin. Zamanlayıcı durduğunda, karidesleri çıkarın ve makarna karışımının üzerine yerleştirin. Yeşil soğan ile süsleyin.

Maydanozlu kremalı morina balığı

Hazırlama + pişirme süresi: 40 dakika | Yemekler: 6

Malzemeler

<u>morina balığı için</u>

6 morina filetosu

tatmak için tuz

1 yemek kaşığı zeytinyağı

3 dal taze maydanoz

<u>sosu için</u>

1 bardak beyaz şarap

1 su bardağı yarım buçuk krema

1 ince kıyılmış beyaz soğan

2 yemek kaşığı kıyılmış dereotu

2 çay kaşığı karabiber

talimatlar

Bir benmari hazırlayın ve içine Sous Vide koyun. 148F'ye ayarlayın.

Terbiyeli morina filetolarını vakumlu poşetlere koyun. Zeytinyağı ve maydanozu ekleyin. Su yer değiştirme yöntemini kullanarak havayı boşaltın, torbayı kapatın ve bir su banyosuna daldırın. 30 dakika pişirin.

Bir tavayı orta ateşte ısıtın, şarap, soğan, karabiber ekleyin ve suyunu çekene kadar pişirin. Yarım ve yarım kremayı koyulaşana kadar karıştırın. Zamanlayıcı durduğunda balığı yerleştirin ve sosu üzerlerine gezdirin.

Fransız somon güveç

Hazırlama + pişirme süresi: 2 saat 30 dakika | Yemekler: 2

Malzemeler

½ pound derisiz somon filetosu

1 çay kaşığı deniz tuzu

6 yemek kaşığı tereyağı

1 doğranmış soğan

1 diş sarımsak, kıyılmış

1 yemek kaşığı limon suyu

talimatlar

Bir benmari hazırlayın ve içine Sous Vide koyun. 130 F'ye ayarlayın. Yeniden kapatılabilir bir torbaya somon, tuzsuz tereyağı, deniz tuzu, diş sarımsak, soğan ve limon suyunu koyun. Su yer değiştirme yöntemini kullanarak havayı boşaltın, torbayı kapatın ve bir su banyosuna daldırın. 20 dakika pişirin.

Zamanlayıcı durduğunda somonu çıkarın ve 8 küçük kaseye aktarın. Pişirme suyu ile tatlandırın. 2 saat buzdolabında soğumaya bırakın. Kızarmış ekmek dilimleri ile servis yapın.

Hindistan cevizli patates püresi ile adaçayı somonu

Hazırlama + pişirme süresi: 1 saat 30 dakika | Yemekler: 2

Malzemeler

2 somon filetosu derisi ile

2 yemek kaşığı zeytinyağı

2 dal adaçayı

4 diş sarımsak

3 adet soyulmuş ve dilimlenmiş patates

¼ bardak hindistan cevizi sütü

1 demet gökkuşağı pazı

1 yemek kaşığı rendelenmiş zencefil

1 yemek kaşığı soya sosu

tatmak için deniz tuzu

talimatlar

Bir benmari hazırlayın ve içine Sous Vide koyun. 122 F'ye ayarlayın. Somon, adaçayı, sarımsak ve zeytinyağını vakumlu bir torbaya koyun. Su yer değiştirme yöntemini kullanarak havayı boşaltın, torbayı kapatın ve bir su banyosuna daldırın. 1 saat pişirin.

Fırını önceden 375 F'ye ısıtın. Patatesleri yağlayın ve 45 dakika pişirin. Patatesleri bir karıştırıcıya koyun ve hindistancevizi sütünü ekleyin. Tuz ve karabiber serpin. Pürüzsüz olana kadar 3 dakika çırpın.

Bir tavada yağı orta ateşte ısıtın ve zencefil, pazı ve soya sosu ekleyin.

Zamanlayıcı durduğunda somonu çıkarın ve sıcak tavaya aktarın. 2 dakika kızartın. Bir tabağa aktarın, patates püresini ekleyin ve servis için kömürle örtün.

Dereotu Genç Ahtapot Kasesi

Hazırlama + pişirme süresi: 60 dakika | Yemekler: 4

Malzemeler

1 pound genç ahtapot

1 yemek kaşığı zeytinyağı

1 yemek kaşığı taze sıkılmış limon suyu

Tatmak için tuz ve karabiber

1 yemek kaşığı dereotu

talimatlar

Bir benmari hazırlayın ve içine Sous Vide koyun. 134 F'ye ayarlayın. Ahtapotu vakumlu bir torbaya koyun. Su yer değiştirme yöntemini kullanarak havayı boşaltın, torbayı kapatın ve bir su banyosuna daldırın. 50 dakika pişirin. Zamanlayıcı durduğunda ahtapotu çıkarın ve kurulayın. Ahtapotu biraz zeytinyağı ve limon suyuyla karıştırın. Tuz, karabiber ve dereotu ile tatlandırın.

Hollandaise soslu tuzlu somon

Hazırlama + pişirme süresi: 1 saat 50 dakika | Yemekler: 4

BenMalzemeler

4 somon fileto

tatmak için tuz

<u>Hollandez sosu</u>

4 yemek kaşığı tereyağı

1 yumurta sarısı

1 yemek kaşığı limon suyu

1 çay kaşığı su

½ arpacık, doğranmış

bir tutam kırmızı biber

talimatlar

Somonu tuzlayın. 30 dakika soğumaya bırakın. Bir benmari hazırlayın ve içine Sous Vide koyun. 148 F'ye ayarlayın. Tüm sos malzemelerini vakumlu kapatılabilir bir torbaya koyun. Su yer değiştirme yöntemini kullanarak havayı boşaltın, torbayı kapatın ve bir su banyosuna daldırın. 45 dakika pişirin.

Zamanlayıcı durduğunda çantayı çıkarın. Bir kenara koy. Sous vide sıcaklığını 120 F'ye düşürün ve somonu vakumlu bir torbaya koyun. Su yer değiştirme yöntemini kullanarak havayı boşaltın, torbayı kapatın ve bir su banyosuna daldırın. 30 dakika pişirin. Sosu bir karıştırıcıya aktarın ve açık sarı olana kadar karıştırın. Zamanlayıcı durduğunda, somonu çıkarın ve kurulayın. Sos ile tepesinde servis yapın.

www.ingramcontent.com/pod-product-compliance
Lightning Source LLC
Chambersburg PA
CBHW051016060726
47593CB00016B/394